OHSAMA BUNKO

心に元気があふれる 50の物語

西沢泰生

三笠書房

今日もまた、
新しい一日のはじまりです。

この本には、朝のひとときや、
いい一日をスタートしたいときに
読んでみてほしい、

「元気が湧いてくる話」
「やる気のスイッチが入る話」
「じんわり、絆を感じる話」

そんな物語を
たくさん集めました。

ちょっと素敵な一日を
過ごすための
お手伝いをします。

あなたの「今日」が、
笑顔にあふれたハッピーな
時間になりますように。

はじめに……一瞬で「ハッピーな気分転換」ができる50の物語

おはようございます。
昨晩は、ゆっくり眠れましたか？
今朝のお目覚めは、快適でしたでしょうか？

さあ。新しい一日のスタートです！
今日の予定は、お仕事？　ショッピング？　それとも家でのんびり？
「今日」は、いったいどんな日になるのでしょう。
もしかしたら、思いがけない素敵な出会いが待っているかも。
あるいは、「夢」を叶えるチャンスがめぐってくるかも。
そう考えると、とても楽しみになりますね。

この本は、**いつも忙しく毎日を頑張っている人のための、「読むサプリ」**です。

しかも、効き目はバツグン！
元気がほしいとき、前向きに気分転換したいとき、
「すぐに読めて、ハッピーな気持ちになれるお話」を集めました。

朝起きてすぐ、あるいは電車の中で、ちょっと空いた時間に。
この本のページを、パッと開いて好きなところから、読んでみてください。
笑ったり、感心したり、「へぇ～っ」と思っていただきながら、
50の話を読み終えていただく頃には、
心のモヤモヤが晴れ、すっきりとした気持ちで、前を向けるはずです。

この本が、あなたの「新しい一日」を、より素晴らしいものに変える
「お手伝い」になることを願っています。

西沢泰生

もくじ

読んですぐ効く章

あっというまに「笑顔」になれる話

今日が楽しくなる章

じわじわ、「元気」があふれてくる話

心に火をともす章

パチッと、「やる気のスイッチ」が入る話

面白くてためになる章

誰かに話したい、「ワクワクする」話

明日がますます輝く章

思わず「ありがとう」と言ってしまう話

イラストレーション◎須山奈津希

THE 50 STORIES
THAT CHEER UP YOUR HEART

読んですぐ効く章

あっという間に「笑顔」になれる話

1話 届いてしまった「3200個のポッキー」

想像もしていなかったような、**「とんでもない大失敗」**をしでかしてしまった経験。あなたにも、何度かは心当たりがあるはず。

解決策がすぐに見つかる失敗ならまだよいのですが、「どうしたら解決できるか、まったくわからないほどの大失敗」のときは、途方に暮れてしまいますよね。

そんなときは、いったいどうすればよいのでしょう。

これは、そんな**「とんでもない大失敗」を、意外な方法で見事解決**したという、コピーライターの川上徹也さんの著書『1行バカ売れ』（角川新書）に出てくる実話です。

２０１４年11月。

その事件は起こりました。

九州の某大学の生協で、アルバイトの職員が「ポッキー」や「プリッツ」などのお菓子を３２０個仕入れようとして、３２００個も発注してしまったのです。

「１セット10個入り」という表示を見逃したために起こったミスですが、届いた商品の山を見て青ざめたのは、生協職員たち。

契約上、返品はできない決まりでしたので、自分たちで何とかするしかありません。

さあ、もしあなたが職員だったら、いったいどうしますか？


困り果てた職員たちが選択した方法。

それは**「失敗をさらけ出し、本気でお願いする」こと**でした。

自分たちのミスによって、とんでもない数のお菓子が届いてしまったことを正直に学生たちに伝えて「何とか、買ってください！」と「本気でお願い」したのです。

職員たちは、食品売り場だけでなく、食堂や書店など、大学内のあらゆる場所に商品を置き、そのすぐ横に大きなＰＯＰでこう書きました。

「HELP！　誤ってポッキー・プリッツが3200個届いてしまいました。思っていた数のなんと10倍です。皆さんの声かけをたくさんの人によろしくお願いします」

さらに、このPOPの下には、日々の販売個数を表示して、「夢の完売まで、あと何個」というカウントダウンの数字がわかるようにしました。

そうしたら……。学生たちが面白がって、ツイッターやLINEで「○○大学生協ポッキーだらけ！」などと写真付きで拡散。**「買ったよ」「私も！」**と、どんどん盛り上がり、通常の100倍ものペースで売れて、無事に完売することができたのです。

これ、もし職員たちが誤発注を隠して、ただ単に「ポッキー、プリッツ大安売り！」なんてフェアをやったとしても、うまくいかなかったでしょう。

「間違えて、10倍もの数のポッキーを発注してしまった」というとんでもない失敗。それを隠さずにオープンにし、「助けてください」と本気でお願いしたことが、多くの学生の心を動かしたのです。

人は、真剣にお願いされると弱いもの。たとえ店舗の担当者からのお願いでも、真剣なお願いなら、一度くらいは聞いてあげようとするものです。

そもそも、人助けって、助けている側も、ちょっとイイ気分になれますものね。

ピンチのときは、隠さないほうがいい。さらけ出したほうが、うまくいく。

これは、何も「ミス」だけに限った話ではありません。

自分の欠点や、苦手なこと、恥ずかしいところだって、ときには隠さずに。さらけ出してしまって、いいんです。

そんな素直さを持つあなたに、周りの人も手を差し伸べてくれるのです。

2話

オイシすぎる失敗

前回の「途方に暮れてしまう失敗」の話に続いて、お次も「失敗」についての話。しかし、今回は**「オイシイ失敗」**についてのお話です。

信じられないような話ですが、昔、まだビデオという便利なものができる前は、テレビドラマはすべて生放送でした。

言ってみれば舞台のようなものですね。役者はセリフを嚙もうが忘れようが、何とかゴマかして演技を続けなくてはなりませんでした。

これは、そんな時代に、若き日の田中邦衛《たなかくにえ》さんがやらかした失敗談。

田中邦衛さんといえば、ドラマ『北の国から』のお父さん、黒板五郎役が有名ですよね。今では、すっかり名優のイメージですが、これはまだ邦衛さんが駆け出しの役者だった頃のことです。

邦衛さんが抜擢されて出演した、テレビドラマの舞台は炭鉱《たんこう》。

落盤事故があった炭鉱を数人で見に行く、その中の１人が田中邦衛さんの役でした。

事故現場に行ってみると、仲間たちが死んでいる。それを見つけて「何てことだ」なんて言っていると、またゴーッという不気味な音が聞こえてくる。

もしやまた落盤が……。緊張する一同。

邦衛さんのセリフは、この場面でのたったひと言。

「今の音、聞こえましたか……？」


さて、いよいよ生本番。

たったひと言のセリフなのに、邦衛さんは大緊張していました。

そして緊張のあまり、本番では、そのセリフの直前で、つい「プ～ッ」とオナラをしてしまったのです。

そのオナラのあと、例のセリフです。

「今の音、聞こえましたか……？」

これには死体役の役者たちも笑いをこらえきれずに、体がプルプルと震えてしまい、共演した役者たちも笑いをこらえるのに必死。

緊迫感のあるシーンなのに、台無しになってしまったそうです。

絶妙すぎるでしょ、このタイミングでこのセリフ！

この失敗で、「クビだ！」と大目玉をくらった邦衛さん。

「出るものはしょうがねえじゃねえかよ」という捨てゼリフを残して、劇団に帰ったのだとか。

とんでもない失敗ですが、田中邦衛さんはこの話、今ではすっかり笑い話にしてしまっています。舞台で緊張してうまく演技ができない若手などがいると、「オレだって若い頃はこんな失敗をやらかしているんだ」という感じで、このエピソードを披露しているのです。

先輩の自慢話を聞くのはウンザリですが、面白い失敗談なら話は別。

失敗談のほうが後輩は「聞く耳」を持つし、説得力も増すもの。
恋人や友達と話をするときも、「いや〜、今度、大きなプロジェクトのリーダーになっちゃってさぁ」なんて自慢話より、「この前、お得意先で、また、とんでもない失敗をしちゃってさぁ」という話題のほうが、「なになに、何をやらかしたの?」って、相手もノリノリで興味を持ってくれますよね。

だから、どんな失敗をしても、落ち込む必要はありません。

「おっ、この失敗、オイシすぎ! 覚えておけば、人と話をするとき、テッパンネタとして使える! シメシメ」

なんて思えばいい。

失敗=ネタ。

失敗してしまったら、落ち込む前に、即、この公式を思い出しましょう!

失敗は　一日経てば　ネタになる

3話 信長のダジャレ

あなたの周りに「ダジャレ」が好きな人、いませんか？

もしかしたら、あなたの職場の上司はそれが大得意で、いつも何かとオヤジギャグを飛ばして、笑いをとろうとしているかもしれません。

あなたや周囲の同僚たちは、そんな上司を「しょうもないなあ～」と思っていることでしょう。

私も以前は、「ダジャレ大好きオジサン」のことを、そんなふうに思っていました。

でも……。最近、考えが変わりました。

そういう人たちは、何も本気で、自分のくだらないダジャレで笑ってもらおうと思っているわけではありません。**その裏の「真意」**に気づかされたのです。

1つ例を挙げましょう。

あの戦国武将・織田信長が、戦《いくさ》へ出向くにあたり、兵たちの前でダジャレを言ったというエピソードがあります。

これ、ちゃんとした記録（＝『尾張名所図会《おわりめいしょずえ》』の一節）にも残っている話です。


ときは永禄3年（1560年）。

今川義元《いまがわよしもと》との戦（＝桶狭間《おけはざま》の戦いですね）を控えて、信長は戦勝祈願のため、兵たちをひきいて熱田神宮《あつたじんぐう》を訪れました。

信長は、熱田神宮に願文《がんもん》を奉じたあと、熱田の地侍《じざむらい》、加藤図書助順盛《かとうずしょのすけのぶもり》に声をかけ、「神前に捧げるお神酒《みき》の酌《しゃく》をせよ」と命じます。

加藤さんも驚いたでしょうね。

何しろ信長じきじきの指名ですから。

言われるままに、お神酒の酌をする加藤さん。

すると信長、ここでこう言ったのです。

「加藤よ、今日の戦は勝とう！」


はい！　出ました！　正真正銘、渾身《こんしん》のオヤジギャグです。

これが言いたくて、わざわざ加藤さんを指名したのですね。


信長はこのギャグを飛ばしてから、神前にお神酒を捧げたのだそうです。

このとき、織田軍が出向こうとしていたのは、正直、勝てっこない戦でした。

信長も、兵たちも、死ぬ覚悟で臨《のぞ》んでいたはず。

そういう状況の中での会心のギャグだったのです。

信長にすれば、**兵たちの緊張をほぐし、さらに「加藤」と「勝とう」をかけることでゲンをかつぎ、運気も士気も上げようとした**のでしょう。

このダジャレを聞いた兵たちの多くは、こう感じたのではないでしょうか。


「おっ、うちの大将、意外と余裕があるな」

だって、緊張でガチガチになっていたら、とてもギャグは飛ばせませんからね。

このダジャレのおかげで……というわけではありませんが、桶狭間の戦いが信長軍の「奇跡的勝利」に終わったのはご存じの通り。


社会的な地位が高く教養もあるような人が、ダジャレを飛ばす「真意」。

それは、自分の地位や立場、そのときの状況によって、相手が必要以上に緊張してしまわないように、また、場の空気を和らげるために言っているのです。

もしかしたら中には「心の底からダジャレを愛してやまないオヤジ」もいるかもしれませんが……。

でも、「それなりの人」がダジャレを連発する場合、ほとんどは**周りへの配慮**だと思って間違いありません。


ダジャレ1つで兵たちの士気を高めた織田信長。

このとき、27歳。

やはり、すでに大物だったようです。

4話 非常識なお願い

あなたには、**「叶えたい夢」**がありますか?

そして、もし、その夢を叶えるためには、誰かの許可が必要で、その説得がとても難しそうだったら、どうしますか?

社会人になったばかりの頃の私にも、1つの夢がありました。

そしてその夢を叶えるためには、とても怖い人に**「非常識なお願い」**をしなければならなかったのです。


かつて日本テレビ系列で年に一度、数週間にわたって放送していたスペシャル番組「アメリカ横断ウルトラクイズ」。

一般視聴者にクイズをさせながらアメリカ大陸を横断し、チェックポイントで敗者を1人ずつ帰国させるというスケールの大きな内容で、最高視聴率はなんと38・5パーセント。現在の紅白歌合戦なみの「高視聴率番組」でした。

私がこの「ウルトラクイズ」の魅力にハマったのは、中学生のとき。出場の資格を得られる年齢になるのを待ちに待ち、第1次予選の○×クイズに初挑戦するも、結果は1問目落ち。

その初挑戦から苦節5年、やっとのことで奇跡的に予選を突破し、本戦へのキップを手に入れたのは、新卒社員として社会に出た年のこと。

私の心の中では、もう参加の意志は固まっていました。

し・か・し。

「ウルトラクイズ」の本戦に出場するためには、**会社を丸々1カ月も休まなければならなかった**のです！

「入社したてのド新人が、そんな大それたことを言い出してよいのか？」という思いはありました。でも、「ウルトラの旅に参加したい」という思いのほうが、100倍くらい大きかった……。

「おまえ、こんなもの、まっとうな社会人が参加できると思ってんのか！」

「ウルトラクイズ」の日程表を見て、会社の役員が私に最初に言ったひと言です。

そのわずか1分前、私が「テレビのクイズ番組の予選に通りました。本戦はアメリカで行なわれます」と言ったときは「ほうっ」という顔をしていた役員。

しかし、その日程表を見るうちに、その表情はだんだんと険しいものに……。

それはそうです。

日程表は数ページにわたり、しかも帰国予定は出発日から1カ月後。

有給休暇では足りず、決勝まで行くと新入社員でありながら「欠勤3日」のオマケ付きなのです。

役員の言葉に対して、常識外れな申し出をしていることを百も承知の私は、返す言葉もありません。

ただただ、役員の目を見て、心の中で同じ言葉を繰り返していました。

「行かせてください。行かせてください。行かせてください……」

すると、説教をしていた役員がふいに「んっ？　こいつ本気だな」という思いに変わる瞬間がありました。

急に表情が和らいで、「まっ、社員を1人、1カ月休ませるくらいの余裕があってもいいか……」と言ってくれたのです。

1話の「ポッキー事件」でもお話ししましたが、どんなときも、**「本気」は他人を説得する最終兵器になり得る**のですね。

結局、無理をおして参加した「ウルトラクイズ」では決勝戦まで進むことができ、その体験は私にとって一生の宝になりました。

単なる経験や思い出としてではなく、今でも、はじめて編集者とお会いするときなどに話題にすると、とても盛り上がって打ち解けることができるのです。

あのとき、おっかない役員を恐れずに、最終兵器を使って本当によかった！

「本気でお願い」という最終兵器。

あなたも、ここぞというときに使ってくださいね。

5話 「メリットしかないです！」

２０１５年上半期の芥川賞は、お笑い芸人の又吉直樹《またよしなおき》さんが受賞したことで、大きな話題となりました。

今回は、その又吉さんと一緒に芥川賞を受賞した羽田圭介《はだけいすけ》さんの話。

羽田さんといえば、「不思議インテリ」とでもいえばよいのか、その独特なキャラがウケて、テレビのバラエティやクイズ番組でよく顔を見るようになりましたね。

ではここで、いきなりクイズ。

問題　第１５３回芥川賞の、又吉直樹さんの受賞作のタイトルは『火花』。では、同時受賞した羽田圭介さんの受賞作のタイトルは何でしょう？

答えは『スクラップ・アンド・ビルド』。

又吉さんの受賞作のタイトルは覚えていても、羽田さんのほうは覚えていなかったという方も多いのではないでしょうか？

無理もありません。何しろ、芥川賞の受賞作が発表されてから、マスコミの話題は又吉さんが中心でしたから……。


さて。そんな又吉さんばかりが注目される状況が続いていたとき、羽田さんが一気に注目を集めたきっかけは、たった1つのＰＯＰ広告でした。

それは、紀伊國屋書店本店に羽田さん自身が寄せた、手書きのＰＯＰ。

曰く。


「僕も芥川賞とったんですよ」


これ、手書きのヘタクソな文字で書かれている、というところがミソです。

そして、自分のことをあえて「私も」ではなく「僕も」としているところ、さらに

「とった」をひらがなにしているところも、ウマい。見た人に、親しみと、一種の哀れみを感じさせる、「したたか」なコピーです。

芥川賞の受賞から2カ月くらい経った頃、この羽田圭介さんがテレビでインタビューを受けているところを偶然に観ました。

その中で、インタビュアーが「ピースの又吉さんと一緒の受賞だったことについてはいかがでしたか?」という、ちょっと意地悪な質問をしたのです。

たぶん、質問をしたほうは「いやー、又吉さんばかり注目されてまいりました」というような回答を引き出そうとしたのでしょう。

しかし。羽田さんの回答は次のようなものだったのです。


「メリットしかないです!」


一瞬、「?」となるインタビュアー。

羽田さんはこう続けます。

「又吉さんが一緒に受賞してくれたおかげで、（発表からずいぶん経った）今でもまだ芥川賞が話題になっている。もう、メリットしかないです！」

普通なら、又吉さんばかりを取り上げるマスコミを不満に思ったり、お笑い芸人というだけで自分よりも注目される彼に、嫉妬を感じてもおかしくありません。

それを、「メリットしかない！」と受け取って、ＰＯＰのコピーでも、しっかり「自虐ネタ」として効果的に利用する。

マイナスしか生み出さない「不満」や「嫉妬」を無視して、自分の「強み」に変えてしまっているわけです。

やはりこの男、タダ者ではありません。

そして、この「不満や嫉妬を無視して、マイナス要素をメリットにしてしまう」という考え方。

ぜひ、真似をしたいものです。

6話

剣豪の条件

塚原卜伝《つかはらぼくでん》という剣豪をご存じでしょうか？

囲炉裏《いろり》の前で食事をしているときに背後から斬《き》りかかられて、とっさに鍋のフタを盾がわりにした……というエピソードが有名な人です。

どうもこのエピソードは作り話らしいですが、生涯に19回も真剣勝負（＝本物の日本刀での命がけの勝負）をして1度も負けなかったというのですから、強かったことはたしかなようです。

さて。この卜伝さんが、3人の息子のうち、誰を自分の剣術の後継者にするかを決めるためのテストをしたという話が残っています。

テストの方法は、**「座敷の入口に、中に入ろうとすると頭に鞠《まり》が落ちるように仕掛けをして、どんな対処をするかを見る」**というものでした。

まず、長男。

彼は座敷に入る前に仕掛けに気がつき、その鞠を外してから中に入りました。

次の次男。

彼は座敷に入ろうとした瞬間、何かが頭に落ちてくることを感じて、刀に手をかけましたが、それが鞠だと気がつくとそのまま座敷に入りました。

最後の三男。

彼は頭に落ちてきた鞠を、とっさに抜いた刀で、ものの見事に真っ二つに斬ってから座敷の中に入りました。

さあ、この3人の息子のうち、剣豪・塚原卜伝が後継者に選んだのは、誰だと思いますか？

ちょっと考えると、落ちてきた鞠をとっさに斬った三男が一番すごいように思えますよね。

でも。

卜伝さんが後継者に選んだのは長男でした。

理由は**「危険を事前に察知する能力にすぐれているから」**。

卜伝さんは、次男はある程度評価したものの、鞠を真っ二つに斬った三男に対しては「未熟！」と断じたそうです。

「それくらいの危険を察知できないとは修行が足りない！」というわけですね。

中国の兵法書『孫子』の中にも、**最高の勝ち方は「戦わずして勝つこと」**とあります。

現代社会においても、「危機に陥《おちい》ったときにうまく処理できる人」よりも、「リスク管理がしっかりできていて、そもそも危機を回避できる人」のほうがすぐれていることは、言うまでもないでしょう。

天下無敵の剣豪は、リスク管理という点でもすぐれていたからこそ「無敵」を維持できたのかもしれませんね。

7話 「カリスマ声優」が一番嬉しかったこと

この前、テレビのバラエティ番組を観ていたら、ベテラン声優の野沢雅子《のざわまさこ》さんがインタビューされていました。

野沢さんといえば、『ドラゴンボール』の悟空《ごくう》、『ゲゲゲの鬼太郎』の鬼太郎《きたろう》、『ど根性ガエル』のひろし、『銀河鉄道999』の星野鉄郎などの声で知られる声優界の大御所中の大御所。もはや「神《かみ》声優」とでも言えるようなカリスマです。

私が子供の頃は、「元気な主人公の男の子の声は野沢さん」と言っても過言ではないくらいの存在感でした。

余談ですが、私は少しおバカ……ではなく夢多き子供だったので、アニメを観ているとき、まさかその声を生身の人間がアフレコしていようなどとは夢にも思っていませんでした。アニメのキャラクターは、アニメのキャラ自身がしゃべっているものだと信じていたのです。

いやー、生身の人間が声を入れていると知ったときは、天と地がひっくり返るくらいに世界観が変わった瞬間でしたね。

だって、『サザエさん』の波平さんと『ど根性ガエル』の町田先生と『母をたずねて三千里』のペッピーノさんの声が全部同じ人だなんて、子供には信じられないことでしょう！（って、私だけか……）

閑話休題。

その野沢雅子さんが出演していたバラエティ番組の中で、司会役のアイドルが、彼女にこんな質問をしました。

「今まで声優をやってきて、一番嬉しかった瞬間は？」

この質問に対して、野沢さんは次のような回答をしていました。

「自分が演じているアニメのキャラクターに届いたファンレターを読むと、子供たちは私（＝野沢雅子）にではなく、アニメの主人公あてに手紙を書いているのよね。まるで友達への手紙のように。

中には『ボクの宝物をあげるよ』なんて書いてあって、封筒の中を見ると、牛乳ビンのフタとかチラシの切り抜きなんかが入っているの……。

そんな宝物を見た瞬間の喜びったら、ないよ！

（声優を）やっていてよかったなぁ～と思う」


自分が大切にしている宝物を、大好きな鬼太郎や悟空あてに送ってくれる子供たち。

そのピュアな心がビンビン伝わってきますね。

もらったほうは、それは嬉しいと思います。

さらにその番組では、野沢さんにこんな質問をしていました。

「声優として、こうやればうまくいくというようなテクニックは？」

この質問に対する野沢さんの回答は、ちょっと、目からウロコでした。

カリスマ声優は、こう回答したのです。

「テクニックはまったく使っているつもりはない。100%気持ち」

「気持ち」は「テクニック」をはるかに超えたもの。
野沢さんが演じるキャラクターの声は、だから心に響いてくるのですね。

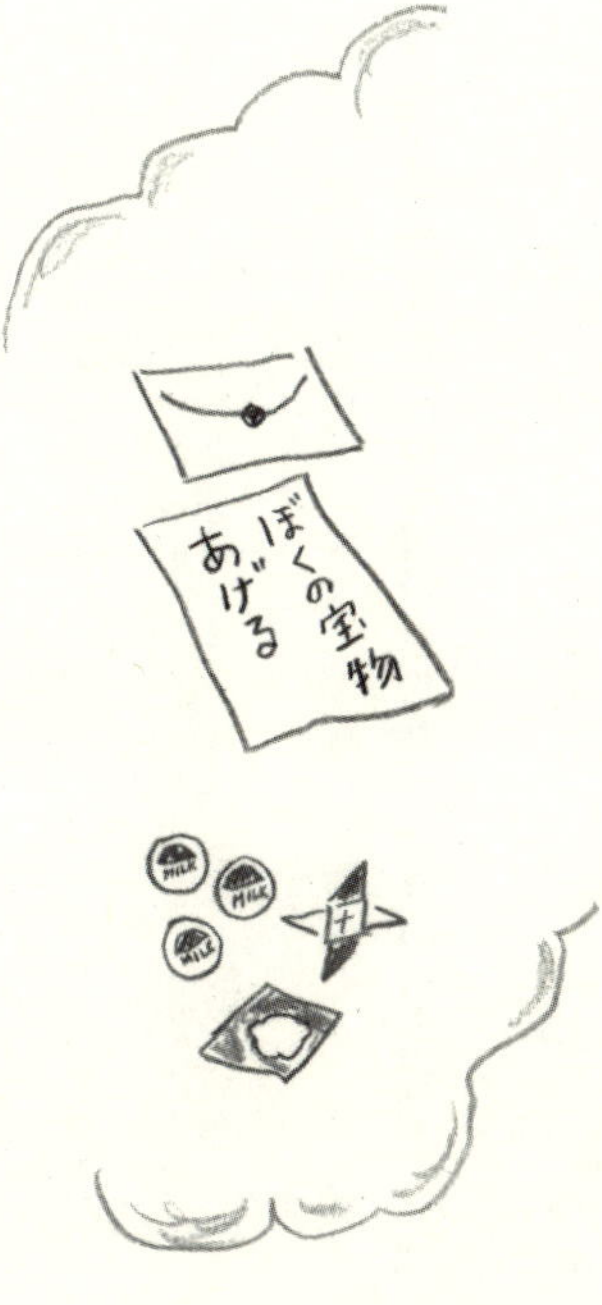

8話

運命を変えた「最高の選択」

これは、ある俳優さんが**「人生で一番大当たりな選択をした」**ときのお話です。

ある俳優さんとは、個性派のおじいちゃん役者・笹野《ささの》高史《たかし》さん。

山田《やまだ》洋次《ようじ》監督に気に入られて、あの名作映画『男はつらいよ』に出演していた笹野さんに、ある日、こんな話が舞い込みます。

「山田監督の脚本で、漫画『釣りバカ日誌』が西田《にしだ》敏行《としゆき》さん主演で映画化されることになった。ついては、ぜひ笹野さんに出演してもらいたい」

監督に起用された栗山富夫《くりやまとみお》さんから笹野さんに提示された役柄の候補は、次の２つでした。

1つは「主人公のハマちゃんが東京へ赴任《ふにん》する前の上司役」。

四国の支店でハマちゃんに東京への異動を告げる役で、けっこうセリフが多い。

もう1つは、スーさん（＝ハマちゃんの会社の社長で、釣りを通してハマちゃんと友達になってしまう）の運転手役で、セリフはほとんどなし。

栗山監督から**「どっちでも好きな役を選んで」**と言われて、すっかり迷ってしまった笹野さん。

栗山監督に質問をします。

「弱ったなぁ、ちなみにスーさんはどなたがやられるんですか？」

「三國連太郎《みくにれんたろう》さんがやります」

監督のその言葉を聞いた笹野さんは、即答します。

「なるほど。じゃあ僕は、スーさんの運転手役をやらせていただきます！」

「えっ？　そっちはセリフ少ないよ」

笹野さんの意外な選択に少し驚く監督。しかし、笹野さんはこう続けたのです。

「いいんです。三國さんと共演させていただけるんですから」

役者なら、少しでもセリフが多い役を選ぶのが普通。

でも、このときの笹野さんは迷わず、尊敬する偉大な役者、三國連太郎さんとの共演を選んだのですね。

その結果はご存じの通り、大正解でした。

『釣りバカ日誌』は評判となりシリーズ化。

笹野さんは「スーさんの運転手役」として、シリーズの顔となり出演がずっと続くことになるのです。

もし、ハマちゃんの四国時代の上司役を選んでいたら、1回の出演でサヨナラになるところでした。

笹野さんはこのことについて、「たぶん、これまでの人生で僕が選んできたものの中では、あれが一番大当たりでした」とまで言っています。

「お金も、仕事も、幸せも、全部、人が運んでくる」

笹野さんは三國さんという「人」を選んで、幸運をつかんだのですね。

何しろ当時の笹野さん、街を歩いていると、「あっ、スーさんの運転手の人」「あっ、釣りバカの運転手」と言ってもらえることが多かったとか。

いかに、運転手役がハマっていたかが伝わってきます。

役者にとって「ハマリ役」の役名で呼ばれることは、勲章のようなもの。

笹野さんも、「笹野」と呼ばれるより、「スーさんの運転手」と呼ばれるほうが嬉しかったそうです。

人生や仕事で選択を迫られて迷ったときは、「人」を選択基準のトップに持ってくるといい。

そうすると、他のものは、あとからついてくるのです。

9話

人生は「長屋の花見」

私は古典落語が好きです。好きな理由はたくさんあります。

1つ挙げれば、江戸の庶民たちの「貧乏でゼイタクはできないけど、とにかく楽しもう!」という、人間らしい素直な姿が活写されている点がイイ。

今は亡き立川談志《たてかわだんし》師匠は、**「落語とは、『人間の業《ごう》の肯定』である」**と言っています。

「業」とは、「理性ではおさえられない心の動き」のこと。

つまり、**人が「やりたいことをやっちゃう」のを否定しない。**

「人間のダメさ加減」を認めて「愛すべきもの」として描いているのが、落語の世界だと言っているのです。

さすがは談志師匠。落語の本質をひと言で言い表わしています。

さて。数ある古典落語の中で「貧乏だけど楽しもう！」という噺《はなし》の代表格の1つに『長屋の花見』があります。

簡単に『長屋の花見』のストーリーをお話ししますと……。

大家さんの提案で、花見に出かけることになった貧乏長屋の面々。

しかし、そこは貧乏長屋のこと。

大家さんが用意した「お酒」は、番茶を煮出して薄めたもの。

これじゃ、いくら飲んだって酔えません。

重箱の中身も同じく、玉子焼きの代わりはタクアン、カマボコの代わりは大根の漬物と、代用品ばかり。

それでも、花見に出かけた面々。

「おい、玉子焼き、しっぽじゃないとこ、とってくれ」

「あっしはこのカマボコが好きでねぇ、胃が悪いときはすりおろして、カマボコおろしにしてます」

なんて言いながら、それなりに楽しみます。

大家さんが、「景気づけに一句詠《よ》め」と言えば、**「長屋中　歯をくいしばる　花見かな」**と絞り出す。

この噺の最後のサゲの部分は、次のような終わり方です。

お酒（＝お茶ですが……）を飲んでいた1人が突然こう言います。

「あっ、大家さん、大家さん。どうも、近々、長屋にイイことがありそうですよ！」

「へえ、おまえさん、何でそんなことがわかる？」

「だってほら、私が飲んでるお酒を見てくださいよ……」

「？」

「中に一本、『酒柱』が立ってます」

茶柱のことを「酒柱」と言うところがにくい。

何とも、ほのぼのとした噺で、私はこの話が大好きです。

「何だか、代用品ばっかりで貧乏ったらしいけど、とりあえず楽しむか……」という、長屋の連中のいい加減さが愛おしいのです。

「人間一生　物見遊山《ものみゆさん》」

江戸時代の庶民の気質を言った言葉です。物見遊山とは、観光旅行のことですね。

「人間の一生なんて、この世で期限付きの観光旅行をしているようなもの。楽しまないと損！」という意味でしょう。

この考え方。大いに賛成！　人生は、「持っていない」と哀しむより、『長屋の花見』の彼らのように、「持っているもの」で楽しんでしまうのが楽チンですね。

THE 50 STORIES
THAT CHEER UP YOUR HEART

じわじわ、「元気」があふれてくる話

今日が楽しくなる章

10話

「器の大きい人物」とは

今は亡き政治家、田中角栄《たなかかくえい》。

田中角栄といえば、「コンピューター付ブルドーザー」と呼ばれ、首相まで務めたやり手の政治家であり、最後はロッキード事件でマスコミのやり玉にあげられた人物。

細かなことはあえて書きませんが、その発言とエピソードを見る限り、実に魅力的で、器が大きな人物だったことはたしかなようです。

まず、角栄さん。

自分を頼ってきた人間には、相手の想像以上のものを与えていました。

たとえば、派閥が違う上にほとんど面識がない議員が、300万円もの借金を申し込んできたとき。

「困ったときはお互いさまだ。この金は返さなくていい。俺が困ったとき、頼む」

と500万円をポンと渡したそうです。

実はこの議員、遠慮して300万円と言ったものの、実は500万円が必要で、以来、角栄さんに心酔するようになったそう。


女性問題で100万円の借金を頼みにきた議員には、300万円と共にこんな内容のメモを渡したそうです。


「300万円のうち、100万円で問題を解決すること。

次の100万円で、世話になった人たちにメシをおごるなどお礼をする。

そして、最後の100万円はいざというときのためにとっておくこと。

なお、この金はいっさい返却無用」


この議員も、のちのちまで角栄さんへの忠誠を守ったそうです。

次に、角栄さん。

自分を頼ってきた人だけでなく、自分と敵対する相手にまで情けをかけ、とりこにしていました。

ロッキード事件で屋敷の外に陣取る記者たちに対して、「暑くてたいへんだろう」と冷たい麦茶をふるまったという話を聞いたことがあります。

そんな角栄さんが、**選挙の対立候補に贈り物をした**話が残っています。


1983年12月の選挙のときのこと。

ロッキード事件のスキャンダルで弱っていた角栄さんの新潟選挙区に、作家の野坂《のさか》昭如《あきゆき》氏が立候補したことがありました。

実は野坂さんの父親は、新潟県の副知事だったことがあるのですね。

しかし、都会育ちの野坂さんは冬の新潟を甘く見ていて、選挙カーが雪道で立ち往生するなど失態を繰り返していました。

そのことを知った角栄さん、こんなことを言ったそうです。

「あれ（＝野坂昭如）のオヤジは新潟の副知事だったが、息子は雪国の怖さを知らない極楽トンボ。
風邪をひくから靴下、長靴、手袋を差し入れてやれ」

敵対候補である角栄さんから届いた、衣類の山を見た野坂さんは、あ然としていたそうです。

もちろん、選挙結果は野坂さんの惨敗。

敗れた野坂さんは角栄さんの秘書に「ありがとうございました。もう、選挙は出ません」と電話をかけたのだとか。

角栄さんの「人間の器の大きさ」がわかるエピソードですね。

11話 お金がなくても〝人のためにできること〟

お釈迦《しゃか》様によると、お金がなくてもできる「お布施《ふせ》」が7つあるそうです。

「お布施」というと、普通、お葬式や法事のときにお坊さんへ渡すお金のことだと思ってしまいますよね。

でも、この「お布施」。「布」は「分け隔てなく皆に」という意味で、「施」は「ほどこす」という意味ですから、本来は、**お金に限らず、「周りの人たちへ施しを与えること」**をさす言葉なのです。

お釈迦様へ話を戻しましょう。

この、お釈迦様が弟子たちに伝えた「お金がなくても簡単にできる7つの布施」は、「無財《むざい》の七施《しちせ》」と呼ばれているのだそうです。

それは、次の7つ。

①眼施《げんせ》　優しく温かい眼差しで人に接する
②和顔悦色施《わがんえつじきせ》　明るくにこやかな笑顔で人と接する
③言辞施《ごんじせ》　心から優しい言葉で人と接する
④身施《しんせ》　自分の身体でできることを無料で奉仕する
⑤心施《しんせ》　感謝の言葉を述べるなど、他のために心をくばる
⑥床座施《しょうざせ》　席や場所を譲る
⑦房舎施《ぼうじゃせ》　自分の家を提供する。一宿一飯の施しを与える

最初の3つは、「コミュニケーション術」そのものですね。

いつも笑顔で優しく思いやりを持って人と接すれば、他人も自分も幸せになれるということでしょう。

4つ目はボランティアですね。

これも他人を幸せにするし、自分の心も満たされて幸せになれます。

5つ目は「感謝」と「心配り」です。

これは現代の自己啓発本やビジネス書でもしばしばテーマになっています。

面白いのは6つ目です。

なんと。電車の中で席を譲る行為も、りっぱな「お布施」だったのです。

しかも、それをお釈迦様がすでに弟子たちへ提唱していたというのが驚きです。

そして、最後の7つ目。

アジアの無銭旅行記などを読むと、その日に偶然に知り合いになった村人が「今晩、泊まるところはあるのか？　家に泊まりにこないか？」と声をかけてくるシチュエーションによく出会います。あれ、実は「無財の七施」の1つ、「房舎施」を実行するために、チャンスを虎視《こし》眈々《たんたん》と狙っていたからだったのですね（たぶん）。

「旅人キター！　房舎施のチャーンス！」なんてね。


この「無財の七施」。現代でも通じるものばかりです。

やれば必ず幸せになれるかどうかは別にして、もし、**皆がこの7つを実行したら、とっても住みやすい世の中になる**ことはたしかでしょう。

お釈迦様がいた時代は飢饉《ききん》があったりして、決して豊かな時代ではありませんでした。でも、この7つを皆が実行すれば、気持ちよく助け合っていくことができる。

「奪い合えば足りぬ。分け合えば余る」です。

あなたは、忙しくて、しかめっ面ばっかりになっていませんか?
ちょっとした気配りを忘れていませんか?
徳を積むためのお布施だと思って、今日も朝からスマイル、スマ〜イル。

12話 スティーブ・ジョブズに「ノー」と言った男

「ノー」を大きく分けると**「勇気あるノー」**と**「言い訳のノー」**の2種類があります。

理不尽な要求に対して「できないものはできない」とハッキリ言うのが「勇気あるノー」。

自分にとってプラスになることだとわかっているのに、気後れをしてしまって、自分を納得させるのも含めて、つい言ってしまうのが「言い訳のノー」。

「勇気あるノー」は、臆《おく》することなく言ったほうがよいですが、「言い訳のノー」は、なるべく言わないほうが、人生はイイ方向に転がります。

さて、今回はこの「2つのノー」のうち、「勇気あるノー」の話。

まず、私がお気に入りのジョークを1つ。

あるとき。陸軍と空軍と海軍の3人の将校が「一番勇気があるのは誰の部下か？」で言い争った。

3人ともガンコでお互いにゆずらず、「試してみよう」ということに。

最初に、陸軍の将校が部下の1人を呼んで命令した。

「走ってくる戦車に向かって、ほふく前進しろ！」

部下は言われた通りにして、戦車にひかれて死んでしまった。

次に、空軍の将校が部下の1人を呼んで命令した。

「あの戦闘機に乗って、パラシュートなしで飛び降りろ！」

部下は言われた通りにして、地面に叩きつけられて死んだ。

最後に、海軍の将校が部下の1人を呼んで命令した。

「あの空母の一番高いところまで上がって、そこから飛び降りろ！」

すると、命令された部下は、将校に向かって言った。

「ふざけるな、バカ野郎！　殺す気か！」

部下のその言葉を聞いた海軍の将校は、ニンマリして、陸軍の将校と空軍の将校に向かってこう言った。

「どうだ、一番勇気があるのは私の部下だということがわかったか！」

「勇気あるノー」を言わないと、ときには命を落としかねないという教訓を含むブラックジョークですね。

さて、お次は、あのスティーブ・ジョブズに「ノー」と言った男の話。

その人物の名はポール・ランド。有名なグラフィックデザイナーです。

ある日、このランドさんのもとに、当時、新しい会社を立ち上げたばかりのジョブズから、「会社のロゴを作成してほしい」という仕事が入りました。

何しろ相手はあのジョブズです。デザイナーにとってはノドから手が出るほどほしい仕事でしょう。

「いくつかの候補案を出してほしい」とジョブズ。

しかし、この依頼に対して、ランドさん、き然としてこう回答したのです。

「仕事はしますよ。

（私のその仕事が）気に入らなければ、使わなくてもかまいません。

候補がいくつもほしいなら、他を当てればいい。

私は、自分の知る限り最高の答えを1つだけ出します。

使うかどうかの判断は、そちらでしてください！」


たしかな実力と自信を持つ人だからこその言葉ですね。

ランドさん、この言葉の通り**「これしかない」というデザインを1つだけ作成し、ジョブズを感動させた**のだとか。

最初に「ノー」と言われたときには腹を立てたジョブズも、後になって、

「彼は私が知る中で、最高にプロフェッショナルな人物だ。プロとして、クライアントとの関係のあり方を徹底的に考え抜いている」

とランドさんを讃《たた》えたそうです。

13話

キュートな言い訳

締め切りに間に合わなくなったある漫画家が、編集者に言った「言い訳」。

「すみません！　原稿をヤギに食われてしまいました！」

ははは っ、いないでしょ、ヤギ！

「言い訳をするくらいなら素直に謝ったほうがよい」という、もっともなご意見は、とりあえず棚に上げて、愛すべき「言い訳の達人たち」の話。

全盛期には24時間、漫画の締め切りに追われていた手塚治虫《てづかおさむ》が、床に横になって、つい居眠りをしてしまったときの編集者との会話。

「先生！　今、眠っていましたよね！」

「眠ってなんかいません！　ただ、横になって眠気をとっていただけです！」

もう。手塚先生ったら、意地っぱりぃ。

原稿が遅いことで有名だった作家の井上ひさしは、あるとき、編集部へ「なぜ原稿が締め切りに間に合わないのか？」をテーマに、それ自体が作品になるほどクオリティの高い長文をＦＡＸしてきたそうです。

そのＦＡＸを読んだ編集者曰く。

「こんな文を書く時間があるなら、原稿を書いてほしい……」

編集者さん、ごもっとも！

「間に合わないとき」の言い訳の次は、「思い出せないとき」の言い訳の話。

関わりある人間のフルネームを片っ端から覚えていたという田中角栄元首相。

どうしても相手の名が思い出せないときの会話。

「ええと、君は何という名だったかな？」

「私の名は佐藤です」

「バカもん！　それは知っとる！　下の名前だ！」

こう言って、相手のフルネームを聞き出していたとか。

これは「言い訳」というよりは「機転」ですかね。


俳優の大和田獏《おおわだばく》さんは、後輩の役者たちにこんなことを言ったことがあるそうです。

「オレはね、セリフはすぐに頭の中に入るんだよ。台本に1ページくらいのセリフだったら、1回読むだけで簡単に全部、入っちゃう」

「さすがですねー」と、後輩たちが感心したところで、獏さん、こう続けます。

「ただささ、入るんだけど、なかなか出てこないんだよ」


そう言えば、こんな豪快な言い訳を聞いたことがあります。

「忘れたわけじゃありません！　思い出せないだけです！」


相手に「言い訳」をする逃げ道を作ってあげる名人もいます。テレビで長年、「突撃！　隣の晩ごはん」というコーナーをやっていた落語家のヨネスケさんです。

晩ごはんをいただくために、いきなり知らない家庭にお邪魔しますから、部屋が掃除されていないこともあります。たとえば、若い女性の部屋へお邪魔して、部屋が散らかっていたりすると、ヨネスケさん、すかさずこう言うのだそうです。

「おねえさん、忙しいんだ」

こう言うと、「そうなのよ、掃除するヒマもなくって」と、相手が言い訳をしやすくなるのです。さすがダテに長年、他人宅にお邪魔し続けてきたわけではありません。


「100歳を越えて現役医師として頑張ることができる秘訣は？」と聞かれたとき、日野原重明《ひのはらしげあき》先生は、

「ときどき、不義理をすることです」

と答えたそうです。

質問者が驚いて「不義理をしてもいいのですか？」と聞き返すと、日野原先生、ニッコリとして**「当たり前です」**とおっしゃったのだとか。

どんな仕事だって「命を削る」必要はありません。

ツラいときは、「言い訳の達人たち」にならって「キュートな言い訳」をして、不義理をしちゃいましょう！

14話 シャンパンタワーの法則

ワーク・ライフサクセスコーチとして活躍されている佐藤久恵さんの著書『自己中でいいんだよ! 「良い自己中」だから、自分も他人も幸せにできる』の中に出てくる話です。

他人のためについ自分を犠牲にしてしまい、自分がツラくなってしまうというクセがあった佐藤さんは、周りから**「もっと自分を大切にしていいのに」**と言われることが多かったそうです。

そう言われてもどうもモヤモヤしていた佐藤さん。

そんなあるとき、イベントで、質問家のマツダミヒロさんが提唱する**「シャンパンタワーの法則」**という考え方を知り、一瞬にして心の中に晴天が広がるようにピンときたのだとか。

彼女を救った「シャンパンタワーの法則」とは、次のような考え方です。


結婚披露宴などでグラスをピラミッド状に積み上げて、新郎新婦が上からシャンパンを注いでいくシーンをご覧になったことはありませんか？

「シャンパンタワーの法則」では、あのタワーのグラスの「1番上を自分」「2段目を家族や身近な人たち」「3番目を友人や仕事仲間」「4番目をお客様」に見立てます。

さて、ここで質問。

あなたは、あなたと周りの人たちをシャンパンで満たしたいとき、どこからシャンパンを注ぎ始めますか？

当然、1番上にある「自分」というグラスからですよね。

そうです。

「自分の周りの大切な人たちを満たす」ためには、まず、「自分を満たしてあげる」必要があるのです。

他人への「気づかい」はもちろん大切です。

でも、そればかり意識してしまうと、一番肝心な**「自分への気づかい」**がおろそかになってしまいます。

誤解を恐れずに言えば、**「まず、自分」が人生の基本**なんです。

あなたは、「ゲシュタルトの祈り」という詩をご存じでしょうか。

これ、心の病を対象にした「ゲシュタルト療法」というものを確立したユダヤ人の精神科医、フレデリック・パールズさんが提唱した考え方です。

パールズさんが創始した「ゲシュタルト療法」では、患者たちにグループでワークショップを行なってもらうのですが、パールズさんはその中で、この「ゲシュタルトの祈り」という短い詩を読み上げて、患者たちに聞かせていたのだそうです。

患者の心の負担を軽くする「ゲシュタルトの祈り」。

それは、こんな内容です。

私は私のために生き、あなたはあなたのために生きる。

私はあなたの期待に応えるためにこの世に生まれたのではない。

あなたも、私の期待に応えるためにこの世に生まれたのではない。

私は私、あなたはあなた。

もしも縁があって、私たちが出会うことがあれば、それは素晴らしいこと。

けれども、もし、出会うことがなくても、それはそれでしかたのないこと。


一見、ごく当たり前のことを言っている詩です。

でも、この当たり前のことを肝に銘じていないと、つい、「周りの期待に応えなくては！」と心の重荷を背負いこんでしまったり、「どうして皆、思った通りに動いてくれないんだ！」と他人を責めたりしてしまう……。

「シャンパンタワーの法則」と「ゲシュタルトの祈り」。

ぜひ、他人のことを気づかいすぎてツラくなってしまったときや、過度の期待に押しつぶされそうになったときに「おまじない」のように思い出してみてください。

心がスッと楽になるはずです。

15話 気の利いた「皮肉」の使い方

結婚披露宴などで、スピーチに立った人が、長々とスピーチをすることってありますよね。

新郎新婦についての話をするうちはまだ許せますが、「ここで私の会社についてひと言だけ」などと自社の宣伝を始めたり、中には、なぜか自分自身の自慢話、昔話を始める輩《やから》までいます。

私もある披露宴で、媒酌人から新郎の生い立ちを長々と聴かされたことがあります。20分以上もしゃべって、ようやく新郎が小学校に入学したときには、いつになったら新婦と出会うのかと、気が遠くなったものです。

これじゃ、聴いているほうにとっては披露宴じゃなくて「疲労宴」ですね。

そうやって長々としゃべる人は、自分が披露宴の貴重な時間を……いや、来場者全員の貴重な「人生の時間」を奪っているという認識がまったくないのでしょう。

さて。

これは、披露宴の司会を100件以上も経験しているという落語家の立川談慶《たてかわだんけい》さんのエピソード。

あるとき、談慶さんが司会をしている披露宴で、例によって媒酌人がいつまでたってもスピーチをやめなかったそうです。

聴いている人たちの顔を見ても、皆、ウンザリしています。

永遠に続くかと思われたスピーチがやっと終わったあと。

談慶さんはこう言ったのです。

「〇〇先生、素晴らしいスピーチを、長々とありがとうございました」

これだけでも笑いをとれますが、談慶さんは、さらに、こう続けました。

「○○先生の表現力、記憶力、そして何よりこの場に居合わせた皆様方の忍耐力に、盛大な拍手をお願いします」

これには場内大爆笑。

言われた先生も、はたと自分のスピーチが長すぎたことに気がついたのか、「いや、君、さすが落語家だよ」と照れながらも、気の利いた皮肉を賞賛。

横にいた媒酌人の奥様からも、「ほんと、うちの人、失礼でしたよねぇ」と言っていただけたそうです。

きっと、スピーチの間、この奥様は、「あなた、お願いだからもうやめて」という思いだったのでしょう……。

談慶さん、さすがにあの気ムズカシイ立川談志師匠に鍛えられただけのことはありますね。

皮肉で笑いをとったことよりも、「そこまで言っても会場の雰囲気が壊れず、言われた本人もその奥様も怒り出さない」という見極めをしたことがすごいと思います。

この皮肉のおかげで、媒酌人も助けられているという点が素晴らしい。

これは、皮肉の中に、**「対象となる相手への愛情」**が感じられないと、なかなかうまくいきません。

皮肉の利いた言葉で場を和ませようというとき、そして、誰かを肴《さかな》にして笑いをとるとき、忘れてはいけない点ですね。

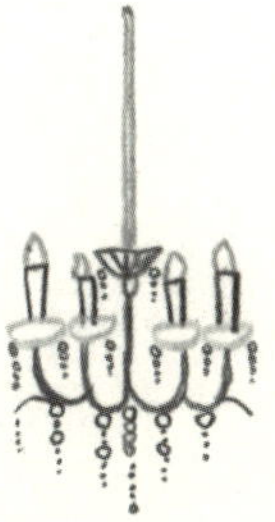

16話 チップにご用心

その昔、私が大学生だった頃、クイズ番組の賞品でパリへ行ったときのこと。

私はツアーの自由行動日に、パリの街を1人で散策しました。

メトロ（＝地下鉄）を使ってルーブル美術館やエッフェル塔、凱旋門などをまわり、昼食は、パリ市内のチャイナタウンにある中華料理店へ入りました。

本場のフランス料理店に1人で入る勇気もないし、そんなところに入ったら昼食だけで3時間くらいかかりそうなので、手っ取り早く食べられそうな中華料理店で食べることにしたのです。

今にして思えばよく入店したものです。

だって、メニューを渡されたって、ほとんど読めないのですよ！

料理の写真が入ったメニューは日本発祥で、外国のレストランのメニューは文字だけが並び、実に可愛げがありません。

しかたがないので、テキトウに数品を指さして注文したら、一皿の盛りが多くて、とんでもない量の料理がテーブルに並んでしまい、驚くやら困るやら……。

さて。その料理の6割くらいを何とかお腹に押し込んで、会計をしようとしたとき、事件は起こりました。

レシートの金額を払って店を出ようとする私に、レジの男性の店員が何やらさかんに話しかけてくるではありませんか。

訛《なま》った英語でまくし立てているのですが、これがまったくわからない。

肩をすくめて、「よくわからない」と言うと、彼は目をむいて大声でこう言ったのです。


「ティー！　アイ！　ピー！　ティップ！！！」

そこまで言われてようやくわかりました。

そう、私は料金にチップを上乗せするのを忘れていたのです。

何しろ生まれてはじめての外国旅行でしたので……。

「オー、ソーリー」とか何とか言って、少し多めにチップを渡して店を出たのを覚えています。


日本にはなくて、海外では定着している習慣、「チップ」。

もちろん、「それなりの人」は旅館の従業員やタクシーの運転手などにチップを渡しているそうですが、一般的には日本はチップが要らない国です。


最近、外国人観光客が増えている日本。

聞いた話では、外国人向けの日本ガイドブックに、以下のような注意事項が書かれているそうです。


「日本では、レストランで食事をしたあと、テーブルの上にチップとして小銭を置いてきてはいけません」

理由は。

「そんなことをすると、忘れたものだと思われて、小銭を手にしたお店の店員が、あなたを追いかけてきてしまいます」

たぶん、こんな冗談のようなことが起こり得る国は、世界中探しても日本だけではないでしょうか。

トイレに財布を忘れても、それが戻ってくる国。

日本はイイ国です。

17話

心に残る「小さな親切」

元JALの国際線CAで、現在、接遇マナーの講師などをされている横手尚子《よこてしょうこ》さんが書かれた『おもてなし接客英会話テキストブック』には、日本人タクシードライバーが、外国人のお客様に行なったサービスのエピソードが載っています。

東欧から来日したご夫婦を観光案内したタクシーの運転手さんは、「カメラが壊れている」というお客様のために、自分のカメラでご夫婦の観光の様子を撮影し、翌朝、写真アルバムとメモリーカードをホテルまで届けました。

この思いがけない親切に感動したご夫妻から、運転手さんの自宅に「チェコ製のビアマグカップ」が届いたのは、その約半年後のことでした。

また、別の運転手さんは、フランスから観光に来たご夫婦を一日案内した際、バックアップとして撮影した写真を、翌日ホテルに届けました。すると、とても感激され、ハッキリとした日本語で**「昨日の出来事は一生忘れません」**と言われたそうです。

異国の地で、思いがけなく親切にされると、たとえそれが接客業の人であったとしても、とても心に残るもの。

さて。パリへ行ったときの恥ずかしい話、今回は「タクシー編」です。

私はパリで1人歩きをしていて、ものの見事に道に迷ってしまいました。学生街として知られるカルチェ・ラタンのあたりをうろつくうち、自分がどこにいるのか、かいもくわからなくなってしまったのです。

地下鉄の駅も見つからず、疲れた上に、そろそろホテルに戻ったほうがいい時間になっていたこともあり、私は「タクシーでホテルに帰ろう」と決めました。

ふと見れば、数台のタクシーが路上に止まり、運転手さんたちがタバコを吸って談笑しているではありませんか。

歩み寄って「乗せてほしい」と告げると、彼らはフランス語と英語のチャンポンで何か言ってきます。どうやら、「今は休憩中だからダメだ」と言っている様子。

なんと、まさかの乗車拒否。しかたなくその場を離れ、ふたたび歩き始める私。

しばらく歩くと、1人のタクシー運転手さんが車を止めてサンドイッチを頬張っているのを発見。

「どうしてみんな休憩中なのさ!」と思いながらも、ダメ元で「乗せてほしい」と話しかけると、今度の運転手さんはOKの様子。や……、やった!

喜んでホテルの名を告げる私（なかなか通じなくて苦労しました）。

この運転手さん、とても気さくで、ホテルへの道すがら、さかんに話しかけてきました。しかし、何を言っているのかわからないこっちは、ニコニコと不気味な微笑みを浮かべて、「ウイ」とかテキトウに相づちを打つばかり。

そうこうするうち、しばらく行くと、高層ビルの上の部分が雲に隠れている、印象的な景色と遭遇しました。

思わず、タクシーの窓から写真を撮ろうとする私。

すると、この運転手さん、**車の速度を遅くして、写真を撮りやすくしてくれた**のです。

ほんの小さな心づかいです。でも、私にはそれがとても嬉しかった……。

無事にホテルに着いた私は「メルシー」を連発して、多めのチップを渡したのでした（このときはもうチップに慣れていました）。

この運転手さんの小さな親切、私は何十年も経った今も覚えています。

ちょっとした親切が、相手の心に一生残るって、素敵ですよね。

私も、**「小さな親切を相手の心に残すことができる人」**になりたいものです。

18話

歳をとってから「やってはいけない3つのこと」

「いい加減男」「ミスター無責任」こと、タレントの高田《たかだ》純次《じゅんじ》さん。

何を隠そう、私はこの高田さんをリスペクトしています。

高田さんは、その昔、不定期に放送されたあるクイズ番組の司会をされていたことがあります。

実は私、その番組で出題されるクイズを（アルバイトで）少しだけ作っていたことがあり、そのおかげで、スタジオ収録のときに、何度か「生の高田純次」を観る機会に恵まれました。

いや～、生純次の面白いことといったら……。

「司会」といっても、進行はほとんど横にいる女性アナが務め、高田さんは（たぶん）台本に目を通してもいません。

その場、その場で、「ごめんね、今日もイイ男で」とか、「このチャイムは何ですか？　〇〇さん（＝その日のゲスト）、おウチが火事ですか？」など、テキトーにジョークを飛ばし、ゲストをいじくっているだけなのです。

それがもう、本当にドッカンドッカン爆笑の連続でした。

その奇跡のような光景を目の当たりにして、「こんなにも他人を笑わせることができるってすごい！」と思った私は、以来、ずっと高田純次さんをリスペクトしているのです。


さて。そんな高田さんが、あるとき、テレビ番組（＝『情熱大陸』ＭＢＳ／ＴＢＳ系ネット・２０１５年７月５日放送）で「歳をとってからやってはいけない３つのこと」を披露していました。

高田さんが言う**「歳をとってからやってはいけない3つのこと」**。

それは……。

「説教」「昔話」「自慢話」

いや〜、おっしゃる通り！

部下と飲みに行くと、ひたすらこの3つしか話さないオジサンがたくさんいます。

被害者になるのは、上司に「飲みに行こう」と誘われて断れなかった若い社員たち。

こういうオジサンの話は、恐ろしいことに、コッテコテのフルコースです。

「だいたい、おまえたちはな……」とお説教という前菜からスタート。

「そもそも、最近の若い連中は……」と、お説教の枠は世間一般にまで広がります。

「オレが若い頃はなぁ」と、いよいよメインディッシュの昔話に突入。

「まあ、これは別に自慢するわけじゃないけどな」という前置きで、デザートである若い頃のカビの生えた成功談へ進む頃には、若手社員たちは話を聞いておらず、「まいったね、こりゃ。またこの話だよ」という顔で腕時計を見ているのです。

バブルの頃なら、そのオジサン上司がおごってくれたのでまだガマンのしがいがありました。しかし、昨今は上司もフトコロが寂しくて、割り勘のことが多い。若い社員にとって、こういう上司との飲み会はただの「修行の場」になってしまう。

高田さんは、くれぐれも自分がこういう「哀しいオジサン」にならないように、この「説教」「昔話」「自慢話」の３つをしないようにしているのでしょう。

高田さんは、この言葉のあとに続けてこう言っています。

「(僕の場合)この3つをなくしちゃってるから、エロ話しかできない」

ちなみに、高田さん、「色気をキープする秘訣は?」という質問には、こう答えていました。

「色気はときどき買いに行く。100グラムで2万円くらいするから高い」

このセンス！　やっぱり高田さん、リスペクトっス！

19話

どんな問題も解決する「3つの気」

オヒョイさんこと、俳優の藤村俊二《ふじむらしゅんじ》さん。

シャレがわかって、洒脱《しゃだつ》、そして、ワインバーを開くなど好きなことをして、軽～く生きておられる。

私が「将来はこうなりたい」と目指す、理想の「ベスト・オブ・ジジイ」です。

そんな、藤村俊二さんが書いた本の中に、**「どんなことでも何とかしてしまう、『3つの気』」**という話が出ています。

この「オヒョイさんの神髄《しんずい》」とも言える「3つの気」について紹介しましょう。

オヒョイさんが言う「どんなことでも何とかしてしまう、『3つの気』」とは、

「元気」

「勇気」

「陽気」

という3つ。


1つ目の「元気」は、アントニオ猪木《いのき》さんと一緒。

「元気、元気、元気があれば何でもできる！ 元気ですかー！」ですね。猪木さんは、某葬儀会場に入ったときにも、「元気ですかー！」とやってしまったというエピソードがあります（笑）。


2つ目の「勇気」について、ドイツの詩人、ゲーテはこんな言葉を残しています。

「名誉を失っても、もともとなかったと思えば生きていける。

財産を失っても、また作ればいい。

しかし、勇気を失ったら、生きている値打ちがない」

これは、つまり名誉を失っても財産を失っても、再度、敗者復活にチャレンジする勇気さえ失わなければＯＫということでしょう。

マイクロソフト社の創業者のビル・ゲイツもこんなことを言っています。

「リスクを引き受ける気があるなら、悪いニュースに多少目をつぶることが必要だ。不安はあっても、『うまくいく保証はないが、ベストを尽くしてみようじゃないか』というぐらいの勇気はなくてはならない」

バッドニュースをあえて歓迎する勇気ですね。

そして最後、「元気」「勇気」に続く3つ目の「気」は「陽気」です。

私は、この3つ目こそが、おヒョイさんの真骨頂だと思うのです。

どんな「問題」も、深刻にとらえずに、陽気に笑い飛ばしてしまう。

そうすると、「問題」が「問題」でなくなるもの。

これ、本当です。

シェイクスピアは『ヴェニスの商人』の中でこんな名言を残しています。

「どうせ年をとるなら、陽気な笑いで、この顔にシワをつけたい」

おヒョイさんの顔のシワは、笑いジワだったのですね。

さて。

さらに、オヒョイさんは同じ本の中でこんなことも言っています。

「最後には、『時間（とき）』という、4つ目の「キ」も悩みを解決してくれます。あせらないことです」

うう、オヒョイさん、もう、師匠と呼ばせてください。

「元気」「勇気」「陽気」、そして、「時間（とき）」。
この「4つのキ」があれば、どんな「問題」もシッポをまいて逃げていきますね。

THE 50 STORIES
THAT CHEER UP YOUR HEART

心に火をともす章

パチッと、「やる気のスイッチ」が入る話

20話 散歩のついでに〇〇〇した人はいない

「ゾウを冷蔵庫に入れるための3つの手順」という有名なジョーク（なぞなぞ？）があります。
それは次のようなもの。

ゾウを冷蔵庫に入れるための3つの手順。

①冷蔵庫の扉を開ける
②ゾウを冷蔵庫の中に入れる
③冷蔵庫の扉を閉める

「ゾウを冷蔵庫に入れるなんてデキっこない！」という固定観念を叩き壊してくれる、

なかなか気の利いたジョークです。

でも、この手順。

本当は「3つ」ではなく、「5つのほうがよいのではないか……」というのが今回のお話です。

数々の著書がある経営コンサルタントの小宮一慶《こみやかずよし》さんは、**「結果的にことを成す人」**と**「努力はしているのになかなか結果が出ず報われない人」**の**違い**について、面白い言い回しをしています。

「結果的にことを成す人」は、ただ単に努力を続けるだけでなく、ちゃんと「目標」を定めている。

それに対して、「努力をしているのになかなか結果が出ず報われない人」は、明確な目標を定めずに、漫然と努力している。

小宮さんは、この両者の違いをたったひと言で表現しているのです。

それは、こんな言葉です。

「散歩のついでに富士山に登った人はいない」

小宮氏はこんなことを言っています。

「富士山に登ろうとしている人も、散歩をしている人も歩いています。これと同じように、結果的に何かを達成する人も、毎日、精一杯仕事をしているし、そうでない人の中にも精一杯仕事をしている人はたくさんいる。

その違いは、**富士山に登ろうとして、それに向かって歩いているのか、それとも、何の目標もなしに歩いているのかの差**です」

「歩いている」という行為はまったく同じでも、「目標」を持っているかどうかが、「結果」につながるかどうかの分かれ道だと言うのです。

さて。

そうしてみると、最初のジョーク、「ゾウを冷蔵庫に入れる手順」は次の5つになるのでは……。

①「ゾウを冷蔵庫に入れる」と目標を立てる
②ゾウを入れる冷蔵庫を作る
③冷蔵庫の扉を開ける
④ゾウを冷蔵庫の中に入れる
⑤冷蔵庫の扉を閉める

まずは、「ゾウを冷蔵庫に入れるぞ！」と明確に決心する。
そして、「ゾウを冷蔵庫に入れるための下準備」をする。
これがあって、はじめて実行段階へと進める。

散歩のついでに富士山に登ろうとしてもうまくいかないように、ゾウを冷蔵庫に入れるのも、目標を立てて、用意を周到にしないと簡単にはいかないはず！

……ですよね。

21話

たった3文字の違いで

美容商材（＝シャンプーやパーマ液、機材など）をヘアサロンへ卸《おろ》す仕事で、圧倒的な営業成績を上げている中野友介《なかのゆうすけ》さん。

「年間に4千万円売り上げれば『デキる営業』と言われる世界で「年間4億円」を売り上げているというのですからすごい。

これは、そんな中野さんが、ご自身の著書で披露している、**「たった3文字の違いで未来を変えてしまった」**という話です。

そもそも、中野さんが「モーレツ営業マン」になったきっかけは、ある日、偶然に出会った「目標にできるメンター」に惚れ込んでしまったから。そのメンターに認められたい一心で、「日本一行動力のある一流の営業マンになる」と決心したのです。

その日以来、中野さんの圧倒的な「行動」が始まります。

たとえばお客様である美容室のオーナーが「新しい店をオープンさせる」と聞けば、とんで行って掃除やビラ配り、若手スタッフの挨拶研修、新規顧客の獲得まで、オープンのための準備を鬼のように手伝いました。

そうすると、美容室からたくさんモノを買ってもらえるようになっただけでなく、信頼感も格段にアップ。出入り業者という立場にもかかわらず、ときには、新店のオープニングセレモニーで「ひと言挨拶を！」と声がかかる機会も増えていきました。

そんな挨拶のとき、中野さんが決まり文句にしていたのが、

「日本一行動力のある一流の営業マンになります！」

という宣言。

ところが、あるとき、セレモニーでの挨拶の10分前に、知り合いの社長さんから、「あのフレーズ（＝『日本一行動力のある一流の営業マンになります！』）はワンパターンだからもう言わないでね」と釘を刺されてしまったのです。

困った中野さん。**いつもの挨拶に「たったの3文字」を加えるだけでこの窮地《きゅうち》を乗り切りました。**中野さんが、いつもの宣言に加えた「3文字」……。

それは……。

「2年で」

中野さんは、挨拶でこう宣言したのです。

「2年で、日本一行動力のある一流の営業マンになります！」

とっさに、「自分の挨拶には何が足りないのだろう」と考えた結果、こう挨拶をしてみて、中野さんは「今までの宣言はあいまいだった」と気がついたそうです。

たったの3文字。

「2年で」

この言葉を加え、期限を切ったことで、中野さんの覚悟はさらに強まり、その日を境に「行動力」がグンと伸びたのだとか。

中野さんは、こう言っています。

「達成したい目的があるのなら、あなたもぜひ、期限を区切って、宣言し続けてください‼」

期限を決めることで、いきなり「バクゼンとした夢」は「メイカクな目標」へと変わるのですね。

「夢」を実現するために、「引き寄せの法則」を使おうとして、自分の部屋の壁に目標を書いて貼ったり、手帳にその「夢」についての宣言を書いているあなた。

その「宣言」には、ちゃんと**「いつまでに」**という期限が書かれていますか?

期限を具体的に書いて、自分で自分の脳をうまくダマして、「その気」にさせちゃいましょう!

22話 日本チャンピオンはベルトを失くす？

天才コピーライターこと、ひすいこたろうさんの著書に、
「ボクシングの日本チャンピオンはよくチャンピオンベルトを失くす」
という話が出ていました。

せっかく獲ったベルトなのに、どこにしまったのか忘れてしまう人が多いのだそうです。別に、試合で殴られすぎて、朦朧《もうろう》としているときにしまったので、どこに入れたかを忘れているというわけではありません。

あなたには、どうして彼らがせっかく獲った日本チャンピオンのベルトを失くしてしまうか、想像がつきますか？

えっ？

「ボクシングのチャンピオンは具志堅《ぐしけん》さんのように天然ボケの人が多いから」ですって？

違います！（ちなみに以前、小学生と会話したとき、「好きなタレントは？」って聞いたら、「んー、グシケンかな～」と言われました（笑）。具志堅さんがボクサーだったのも、もう遠い昔です）

もう答えを言ってしまいましょう。

ボクシングの日本チャンピオンが、よくチャンピオンベルトを失くす理由。

それは……。

「日本チャンピオン」は、ただの通過点としか考えていないから。

そうです。

日本チャンピオンになるような選手の最終目標は、ズバリ「世界チャンピオン」。

だから、日本のチャンピオンベルトに執着がないのです。

そもそも、日本チャンピオンにこだわる程度の選手は結局、世界へ行くことはありません。

もちろん、「通過点」として小さな目標を立てて、それを次々にクリアしていくのならOK。

でも、「最終目標」というのは、「決めた時点」で、知らず知らずのうちに自分で自分を「そこまでの器」にしてしまうものです。


実はこの落とし穴、私が「アメリカ横断ウルトラクイズ」の決勝で負けた理由の1つなのです。

私は小学生のときにテレビで「ウルトラクイズ」を観て惚れ込み、以来、「いつかは自分も、ウルトラクイズでニューヨークへ行きたい！」と夢見ていました……。

……はい。お気づきですね。

私が夢見たのは「ウルトラクイズでニューヨークへ行くこと」でした。

決して、「ウルトラクイズで優勝すること」ではなかった……。

準決勝を勝ち抜けて、ニューヨークの地に降り立ったときにすでに、「夢が叶ったぞ！」と満足してしまったのです。

井上雄彦《いのうえたけひこ》のバスケットボール漫画『スラムダンク』にこんなシーンがあります。

相手に5点差をつけられて、試合の残り時間は1分。

そんな状況の中で、主人公の桜木花道《さくらぎはなみち》はチームメイトの赤木（=ゴリ）にこんなことを言うのです。


「優勝すんだろ ゴリ!! 通過点じゃねーかよ あいつらなんか!!」


夢を叶えたいと思ったら、その最終目標は、自分の夢よりも倍くらい大きな目標にしてください。

そうすると、「もともとの夢」が「通過点」になって、意外と簡単にクリアできるようになりますよ。

23話

早起きは「得だらけ」

「早起きは三文の得」ということわざがありますよね。

今回は、早起きは三文どころか「得だらけ」というお話。

会社へ出社する日、私の起床時間は4時40分です。

通勤電車に乗るのが5時20分で、会社がある赤坂に6時すぎには到着しています。

6時半に某カフェが開店するまで、駅のホームのベンチで読書。カフェが開店すると同時に入店して、あとは会社へ出社する10時近くまでの約3時間、ずっとカフェにいるのです。

この3時間の間に、朝のメールチェック、ブログの更新、そして、本の原稿執筆をしています。

私は2014年の1年間に、会社に勤めながら5冊の本を出版しましたが、その本を生み出したのが、まさにこの**「朝の3時間」**なのです。

もうこれだけで「三文の得」どころではありません。


しかも、ここまで早い出勤だと、イイことがたくさんあります。

まず、電車が空《す》いている。毎回、座って通勤できますので、読書もし放題。

次に人身事故など電車のトラブルに巻き込まれる確率がものすごく低い。

経験による感覚ですが、事故が起こるのはたいがい7時すぎの混雑時。電車遅延が発生したときには私はもう目的地にいるというのがほとんどなのです。

早起きをすれば、満員電車や電車遅延で疲れ果てることなく、一日を快適にスタートできるというわけ。

さらに、朝は頭が冴《さ》えていますから、原稿作成がはかどります。

私以外の「朝派」の人たちも口をそろえて言いますが、**夜遅くに仕事をするよりも、朝早くに仕事をするほうが、夜より6倍くらい早く進みます。**

そういえば、先日、こんなことがありました。

10時から某出版社で打ち合わせがあり、それに出席するために、例によってものすごく早く家を出た私。

行きの電車の中で、イスに座って、その日に使うノート（＝本を書くときに使う執筆ノート）を見ようとしたのです。

すると……。

カバンの中にノートがない。いくら探しても見当たらない。

「自分を忘れても（笑）、そのノートを忘れてはいけない」というノートなのに、それがない。思い返すと、前の晩にちゃんとカバンに入れたのに、朝、ちょっとしたことを思い出してそれを確認しようとして、ついカバンから出して眺めてしまった。そして、うっかり、テーブルの上に置いたまま、家を出てきてしまったに違いない。

その日の打ち合わせで話す内容は、すべてそのノートに書いてあります。

持っていなければ話になりません。

電車はもう新宿近くまで来ているというのに……。

普通なら大ピンチです。先方に、「すみません、ちょっと到着が遅れます」と連絡をしなくてはいけない場面。

し・か・し。

ここで、「とんでもなく余裕を持って家を出ている効果」が発揮されました。

電車を乗り換えてすぐに引き返し、家に戻って忘れたノートをカバンに詰め、あらためて駅に向かい電車に乗りました。

さすがに、混雑電車になってしまいましたが、それでも打ち合わせ時間よりも早く目的地に着くことができたのです。

これ、空いている電車で座ることができなければ、ノートを忘れたことに気がつきませんでしたし、もし気がついたとしても、早くに家を出ていなければ打ち合わせに大遅刻をしてしまうところでした。

ホントに**「早起きは得だらけ」**と再認識しました。

オススメします！

24話

「無邪気」の強み

ノルウェーの児童文学作家、ヨースタイン・ゴルデル著の『ソフィーの世界』という本の中に、「ムカデのダンス」という寓話《ぐうわ》が出てきます。

短くアレンジすると、それはこんな話。


あるところに、とてもダンスがうまいムカデがいました。

そのムカデは、1000本もの足を使って見事なダンスをするので大人気。

その人気をねたんだのが1匹のクモです。

クモはムカデに手紙を書きました。

「あなたの見事なダンスに私は心酔しています。そこでぜひ教えてほしいのですが、あなたはどのようにダンスをするのですか？　まず228番目の左足を上げ、59番目の右足を上げるのですか？　それとも最初のステップは26番目の右足で踏み出して、それから499番目の右足を出すのですか？　ぜひ教えてください。返事をお待ちしています」

手紙を読んだムカデは、はじめて**「自分はどうやって踊っているのだろう？」**と考えます。

その結果……。

ムカデはまったく踊れなくなってしまったのです。

深いことは気にせずにやっていたときはうまくできていたのに、余計な理屈や他人の目を気にした途端に、ぜんぜんうまくできなくなってしまうことがあります。

ムカデはクモの巧妙なワナにまんまとひっかかって、**「楽しみながら無心でダンスする」**という**「大切なもの」**を失ってしまったのです。

仏教では、「人の心の中にある悪いモノ」を鬼の姿で表わして、それを**「邪鬼《じゃき》」**と呼ぶそうです。

この、**「心の中に住む鬼＝邪鬼」がいない状態が「無邪気」**ですね。
人は、余計なことを考えない「無邪気」の状態のほうが本来の力を発揮できます。

第35代横綱、双葉山《ふたばやま》は、土俵に上がるときの心がまえとして、中国の『荘子』に出てくる故事にちなむ「木鶏《もっけい》」を目指したそうです。

この「木鶏」とは、文字通り「木でできたニワトリ」のこと。

それはこんな話です。

闘鶏《とうけい》用の鶏を育てる名人に、王様が「最強の鶏にしてほしい」と1羽の軍鶏《しゃも》を預けました。

鶏を預けてから10日目。

「もうよいか？」と尋ねる王に、名人は答えます。

「まだ、カラ威張りをしていて、オレがオレがというところがあっていけません」

その10日後、王が「もうよいか？」と尋ねると名人は答えます。

「まだダメです。他の鶏の姿を見たり、声を聞くだけでいきり立ったりしてしまいます」

さらに10日後、王からの問いに答える名人。

「まだです。相手をにらみつけて、自分の強さを誇示しています」

そして、さらに10日後、王が「もうよいか?」と尋ねると、ようやく名人はこう答えるのです。

「他の鶏の声にもまったく動じることなく、まるで木彫りの鶏のように静かに堂々としています。もうこの鶏にかなう鶏はいません。皆、姿を見るだけで逃げ出すことでしょう」

横綱の双葉山は、この話に出てくる軍鶏のように、**真に無心で「最強たる者」**を目指したのですね。

ちょっと緊張する勝負ごとやイベントがある日。

おかしな見栄や向上心、そして他人の目に惑わされることなく、「今日は『木鶏』で行こう」って考えてみてください。

無心は「邪鬼」を寄せつけませんよ!

25話

成功者が、街で行列を見かけたら

街を歩いていて、たとえばケーキ屋さんや電気屋さんの前に行列ができているのを見つけたとしたら。

あなたはそんなとき、どう思いますか？

経営者であり、ビジネス作家であり、大人気のセミナー講師でもある臼井《うすい》由妃《ゆき》さんによれば、

「工夫上手な人、アイデア豊かな人、仕事ができる人は、街で行列を見つけたときに、必ずといっていいほど同じことを思い、あることをする」

のだそうです。

さて、あなたには、それがいったいどんなことなのかわかりますか？

シンキングタイムです。

……。

……。

えっ？

「とりあえず並んでみる」ですって？

それでは体がいくつあっても足りません。

さあ、そろそろ答えです。

「成功者」と呼ばれる人たちが、街で行列を見つけたときに共通してやること。

それは……。

……。

なぜ行列しているのか、その理由を確かめる。

臼井さんはこう言っています。

「工夫上手な人、アイデア豊かな人、仕事ができる人は、必ずといっていいほど、行列を見つけたら（その理由を知るために）立ち止まります」

ある金融機関の支店長は、たとえ車で移動中でも、街角で行列を見つけると、わざわざ運転手に車を止めさせて急ぎ足で行列に近づき、「何の行列ですか？」と聞くのだとか。

それが飲食店なら、店を出てきた人に「どうでしたか？」と感想を聞くこともしばしばだといいますから、徹底しています。

成功者たちはなぜ、「行列の理由」を知りたがるのか。

それは、**「そこにお金を生み出す価値の源泉がある」**と知っているからです。

だから、行列を見たら、その理由を知らないではいられない。

行列に並んで「ムダな時間」を過ごすのではなく、その行列の理由を学んで、そこにチャンスを見い出すのです。

19世紀半ばにアメリカで起こった「ゴールドラッシュ」のとき。

「カリフォルニアで金《きん》が出るらしい」というウワサを聞いた人たちは、それを採掘しようとカリフォルニアに殺到しました。

しかし結局、夢中で地面を掘った人たちは誰も儲けることはできませんでした。

そのときに儲けたのは誰か？

自分は金を掘る行列には加わらず、その現象を俯瞰《ふかん》して見た人たちです。

その人たちは、「金を掘る道具を売ったり」「金を掘るときに穿《は》くジーンズを売ったり」して大儲けをしたのです。

今も昔も「行列の理由」を知り、そこに「お金の成る木（ニーズ）」を見つける人が、「成功者」の側へまわるのですね。

26話

「もう1歩先」の好奇心

私の友人で、中学校の先生をやっているFさんの話です。
ある日、F先生は生徒たちに『古今和歌集《こきんわかしゅう》』について教えていました。
あなたも昔、授業で習いましたよね『古今和歌集』。
どうして習ったかというと、これが日本初の勅撰《ちょくせん》和歌集だからです。

さて。

黒板に、この『古今和歌集』について板書をしているとき、F先生は、ふと疑問に感じて生徒たちに話しかけます。
「あのさ、君たちは、『勅撰和歌集』っていうのは、天皇が編纂《へんさん》を命じたものだということはわかっているよね」

何を今さら、という顔でうなずく生徒たち。

「それがわかっているのに、『何天皇が編纂を命じたのかな』って点は気にならないの？　誰からもそういう質問が出ないけれども」とF先生。

え～っ、そんなこと、ぜんぜん考えなかったぁ……という顔の生徒たち。

F先生はさらに言います。

「この前、社会の授業のとき、日本軍と中国軍が衝突して日中戦争の引き金にもなった盧溝橋《ろこうきょう》事件って、出てきたよね」

うなずく生徒たち。

「盧溝橋って、橋だろ」

うなずく生徒たち。

「橋が出てきたんなら、それが何という川にかかっている橋なのか、気にならないか？」

ええ～～っという顔でのけぞる生徒たち。

「オレは気になったね。だから、中学生のときに調べてみた。そうしたら、『永定《えいてい》河《が》』という川だった。そのことを、当時の社会の先生に話したら『そんなこと、私も知らない』って言われたけどね」

ですよね……という顔でうなずく生徒たち。

F先生は、この生徒たちとのやり取りについて、こう言っています。

「何というか、悔しい」

このF先生は、私の〝クイズ好き仲間〟です。

F先生に限らず、クイズをやっている人たちは、「もう1歩先」の知識を知ろうとするクセがついています。

たとえば、「日本一大きい湖は琵琶湖」という1つの知識に接したら、「じゃあ日本で2番目に大きい湖は?」(=霞ヶ浦)、「日本一深い湖は?」(=田沢湖)、「世界一広い湖は?」(=カスピ海)と、次々に1歩先の知識に思いをはせるのです。

それが普通になっているので、F先生は「当然、ツッコんで聞いてくるべき場面で、質問が出てこない生徒たち」に物足りなさを感じたというわけです。

F先生は、何も生徒たちにクイズ体質になってもらいたいわけではありません。

生徒たちが、「覚えろ」と言われたことだけを覚えて満足してしまう「ツマラナイ人」になってしまうことが心配なのだと思います。

だって、先生からの情報をインプットするだけなら、パソコンにだってできるではありませんか！

勝負は、先生からの情報をもとに、新しいことを生み出せるかどうかです。

そのためには、インプットされた情報で満足することなく、**1歩も2歩も先まで興味を持つ「好奇心」**が必要です。

そして、好奇心を持つと、いろいろな新しいことが見えてくるのです。

さて、あなたはここまで読んで、心にひっかかること、ありませんか？

そう、古今和歌集の編纂を命じた天皇の名前を書いていませんよね。

好奇心のあるあなたは、ぜひ、調べてみてください。

27話

遠足の作文で知った「快感」

お笑い芸人から、今や芥川賞作家になった又吉直樹さん。

彼が文章を書くことの快感をはじめて知ったのは、小学生のときに書いた「遠足」を題材にした作文だったそうです。

「遠足」をテーマに作文を書くことになった小学生の又吉さんは、**「普通に書いても面白くない」**と考えました。

そこで、遠足について書くのではなく、「遠足のとき、集団から離れて、教頭先生と2人きりで山道を歩いたときの話」にしぼって作文を書くことにしたのです。

ここからは、又吉さんの作文の中の話。

教頭先生と共に山道を歩いていた小学生の又吉君、坂道で足を滑らせて木の細い枝を折ってしまいます。

それを見て、**「木も生きてんねんから、折ったらあかん」**と又吉君を叱る教頭先生。

と・こ・ろ・が。

もっと傾斜のキツイ坂道にさしかかったとき、今度は教頭先生のほうが足を滑らせてしまいます。

「わーーーっ！」

そう叫び、何本も木の枝を折りながら下まで滑っていく教頭先生……。

気をつかって又吉君が何も言わないでいると、教頭先生は、

「木が、先生を助けてくれた」

と、さっきと同じ人とは思えないほど、前向きな見解を述べたのだそうです。

又吉君は、この出来事を「遠足」の作文として書き、提出します。

すると、後日のこと。

担任の先生から、この作文をクラスの皆の前で読むように促《うなが》されました。

緊張しながら、たどたどしく自分の作文を読む又吉君。

すると……。

クラスメイトたちは皆、声を出して笑ってくれたのです。

又吉さんは言っています。

「文を書くことの快感を得たのは、このときだと思います」

この話を新聞（＝『読売新聞』２０１５年8月10日号）で読んだ私は、はからずも、自分が小学生のときに書いた「遠足」の作文を思い出しました。

又吉さんと同じく、私も「遠足の作文」を書くことになったとき、「遠足そのもの」について書いても「面白くないぞ」と思ったのです。

それで、遠足（＝山登り）の目的地へ向かう「行きのバス」について書きました。

タイトルはたしか「山道のカーブ」。

山道を上がっていく遠足バスが、カーブのたびに左右に大きくゆれて、車内の子供たちが大いに盛り上がる様子をこと細かに描写したのです。

ラストの1行は、「さあ、これから山登りだ!」。

遠足の作文なのに、「遠足がこれから始まるところで終わる」という反則ワザを使ったのですね。この作文、又吉さんと同じく、私もクラスの皆の前で朗読させられ、クラスメイトたちに大いにウケました。

もしかすると、私もあのとき「文で人を楽しませる」という快感を知ったのかもしれません。

28話

「天職」のヒント

「好きなことはツラくない」って言いますよね。

よく例に使われるのは、「朝、4時に起きるのはツラい。でも、大好きなゴルフに行くためなら、ツラくもなんともない」という話。

でも、この「好きなことはツラくない」って本当なのでしょうか？

私も、何冊かの本の執筆時期が重なったときは、締め切りをプレッシャーに感じましたし、時間がなくて駅のベンチで執筆をしたこともありましたが、それをツラいとは思いませんでした。

たしかにこれは「本を書くこと」が好きだから「ツラく」なかったのでしょう。

でも。この「好きなことはツラくない」という言葉。

「たいへんさ」が「ある限度」を超えると通用しなくなるように思います。

かつて、大相撲に「若貴ブーム」が起こった時期がありました。

１９９０年代の前半、若花田（＝のちの若乃花）と貴花田（＝のちの貴乃花）の兄弟力士が大人気になったのです。

その人気のさなか、記者からのインタビューで「稽古はツラくないですか?」と聞かれた貴花田はこう答えています。

「稽古がツラくないと思ったことは一度もない」

相撲は好きで好きでしかたないけれど、厳しい稽古はツラいのですよ……やっぱり。

早朝ゴルフで言えば、「毎日3時に起きて、素振りを２０００回やって、パットを連続で10回入れるまで練習してからゴルフ場に向かう」というくらいツラい!

イチローも、練習についてこんなことを言っています。

「そりゃ、僕だって、勉強や野球の練習は嫌いですよ。

誰だってそうじゃないですか。

ツライし、大抵はつまらないことの繰り返し。

でも、僕は子供の頃から、目標を持って努力するのが好きなんです。

だって、その努力が結果として出るのは嬉しいじゃないですか」


野球に生活のすべてを捧げているように見えるイチローでさえ、やっぱり練習はツライのです。

ただ、その「ツライ練習」が結果となって表われるから、耐えられるのですね。


さらにもう1つ。

日本人でありながら、英国のロイヤル・バレエ団のプリンシパル（＝そのバレエ団のトップダンサー）を22年間も務めたバレリーナ、吉田《よしだ》都《みやこ》さんが、練習に明け暮れた現役時代の厳しい生活を振り返って言った言葉です。

「ツラいとは思っても、やめたいと思ったことはない」

この言葉が、「好きなことはツラくない」という言葉の真意を言い表わしている気がします。

たとえ「大好きなこと」でも、「道を究めたい」と思うほどの努力を続けるのは誰だって「ツラい」。

でも、それでも、簡単にはやめられない。

だって、大好きだから……。

あなたには、「どんなにツラくてもやめられない」ことはありますか？

「ある」というあなた。それがあなたの「天職」です。

そして、「ない」というあなた。

まずは、「何時間やっていても飽きないこと」を思い出してみましょう。

それがあなたの「天職」につながるヒントです。

29話

「苦手なこと克服」大作戦

74歳にして、駒沢大学の社会人入試に合格し、同大学の仏教学部の学生となった萩本欽一さん。

かつて、テレビ界で「視聴率男」と呼ばれた全盛期の欽ちゃんを知らない若者たちから、1人の友達として「欽ちゃん」と呼ばれながら、大学生生活をエンジョイしています。

その欽ちゃんが、テレビでこんなことを言っていました。

「『70代の自分に何ができるか？』と考えるのではなく、70代になって、『まだやっていないことは何か？』と考えたほうがイイ」

たしかに、「オレももう70歳。これからいったい何ができるだろう……」なんて考えたら、「できそうなこと」がとても少なくなってしまいます。

それよりも、「まだやっていないこと」に目を向けたほうが、どう考えても楽しそうです。

欽ちゃんにとって、「まだやっていないこと」は「大学に行くこと」だったのですね。だから「大学、行ってみようかな～」というノリで受験できたのでしょう。

「まだやっていないこと」を考えるのはいつでもOK。

何も、70歳になるのを待つ必要はありません。

これは、私の知り合いの起業家、井下田久幸《いげたひさゆき》さんの話。

井下田さん、見た目は、ロマンスグレーの和製リチャード・ギア。

某外資系企業の中核社員として16年間勤めたのち、「就職に悩む息子に、一からキャリアを積む男の生きざまを見せる」という理由で、あっさりと同社を退職。

その後、IT系企業で、マーケティング、営業、企画、人事などさまざまな職種を経験。現在は、起業家として2つの会社の代表取締役をされています。

さて。

そんな井下田さんが、最近、私生活で実践しているのが**「苦手なこと克服」大作戦。**

これ、とにかく「気になったことがあったら、深く考えずに躊躇《ちゅうちょ》なくやってしまおう」というもの。

そのチャレンジの内容はとにかく多彩です。

電子出版で本を出したかと思えば、フェイスブックでスカイダイビングに挑戦している動画をアップ。

この前、お会いしたときは「生まれてはじめて作った」というロールケーキの写真を見せてくれました。

他にも、「ボタンつけ」「お茶をたてる」「自分のパーソナルカラーや骨格を理解し、似合う服がわかるようになる」「ダイエット（8カ月で19キロの減量に成功！）」「前職での2千回の講演経験を活かして、セミナーコンテストに出場する（優勝！）」など、とどまるところを知りません。

50歳を過ぎてから、人生を楽しみまくっているのです。

「最近、月日が経つのが早い」というあなた。

時間の流れを遅くする方法は、**「新しい何かに挑戦すること」**です。

そうすると、時間の濃度が濃くなってゆっくりと流れ始めます。

挑戦することは、極端に言えば何でもいい。

井下田さんのように、「ボタンつけ」だって「ケーキ作り」だっていいのです。

そして、**新しいことを始めるのに、「遅すぎる」ということもありません。**

もし、毎日が少しマンネリ化していると感じているのなら、欽ちゃんや井下田さんのように、「レッツ　ビギン」してみませんか！

30話

夢は感染する

フランシス・コッポラ監督の映画、『タッカー』（1988年）の中にとても印象的なシーンがあります。

タイトルの「タッカー」とは、1940年代にアメリカの自動車業界に旋風《せんぷう》を巻き起こした実在の人物、プレストン・タッカーのこと。

彼は、見た目のカッコよさとスピードにこだわった斬新な乗用車をデザインし、投資家たちの注目を集めます。

しかし、彼を脅威に感じた3大自動車メーカーの策略によって「詐欺」の疑いをかけられてしまうのです。

やがて、無実を証明するための裁判が始まる……と、映画はそんなストーリー。

実話をもとにしたこの映画の中で印象的なのは、信用を失って、資金面で苦しくなったタッカーに、彼の会社経営の片腕とも言える男が涙ながらに語る場面です。資金ぐりに疲れ果てた彼は、夢ばかりを追い求める男、タッカーに自分の幼かった頃の思い出として、こんな話をするのです。

「子供の頃、母親は私に、いつも『他人に近づきすぎてはいけない。夢が感染するから！』と言って注意したんだ。でも、あとになって、それは聞き間違いだったとわかった。母親は『夢（dream）』ではなく、『細菌（germ）』が感染すると言っていたんだ……。

……私がこの事業に参加したのは、金儲けのためだった。

なのに……。

私は、知らず知らずのうちに、あんたの『夢』に感染してしまっていたんだ」

そう。

夢は感染する。

「成功者」と呼ばれる人たちの多くは、自分の「夢」をたくさんの人たちに「感染」させて、協力を得ることで「夢」を「現実」にしています。

松下幸之助、本田宗一郎、スティーブ・ジョブズ、皆、そうでした。

自分の「夢」を語り、聞いた相手に「感染」させることができる人は、自分の夢を支えてくれる「応援団」を持つことができます。だから、強いのです。

漫画『ONE PIECE』の主人公ルフィが、ことあるごとに「海賊王に、俺はなる!!」と言っているのは、ちゃんと**「自分の夢に相手を感染させて仲間にする」**という効果があるのですね。

もちろん、どんなに熱心に話しても、「語る夢」が現実離れしていては、聞く相手も警戒して誰も「夢に感染」してくれません。

「語る夢」には、ある程度の説得力が必要です。

先のタッカーにしても、彼が考え出す自動車は、単にカッコよくてスピードが出るだけのものではありませんでした。

一般の乗用車としては世界ではじめて「シートベルト」を採用したり、「安全ガラス」を使用するなど、安全性の面もしっかりと考慮されていたのです。

決して、「夢物語の荒唐無稽《こうとうむけい》な産物」ではなかったから、人々も賛同し、彼の「夢」に感染したのです。

最後に、人気のお笑いコンビ「おぎやはぎ」の小木博明《おぎひろあき》が、高校時代からの知り合い、矢作兼《やはぎけん》を芸人に誘ったときの殺し文句です。

「一緒に芸人やらない？　オレだけ金持ちになったらイヤだろ？」

すごい「夢」の語り方ですね。こんな強烈な言葉で誘われたら、つい、猛毒……ではなく、「夢」に感染させられてしまうでしょうね。

THE 50 STORIES
THAT CHEER UP YOUR HEART

面白くてためになる章

誰かに話したい、「ワクワクする」話

31話

年に数万円で別荘を持つ方法

自然に囲まれた空気のよい場所にある、木造で心休まる快適な建物。
お風呂は温泉で、露天もあればサウナもある。
料理人がいて、和洋の美味しい料理を出してくれる。
ワイン蔵があり、使用人たちが毎年ワインを造って待っていてくれる……。
そんな別荘を持ちたいと思いませんか？
これは、**「年に数万円で別荘を持つ方法」**という耳寄りなお話。

その話の前に、まず、作詞家、プロデューサー、映画監督など、マルチな活躍を見せる秋元康《あきもとやすし》さんについての話。
秋元さんは「読書」と「映画鑑賞」が大好き。

以前は、本とDVDを山のように所蔵していたそうです。

でも、ある時期から「考え方」を変えて、本もDVDも所蔵するのをやめたのだとか。秋元さんは、こう考えることにしたのです。


街の本屋さんは、自分の本棚。

街のDVD屋さんは、自分のビデオライブラリー。


ちょっとした発想の転換です。

でも、たしかにこう考えると、自分で所蔵する必要がなくなります。

何しろ、書店やDVD屋へ行けばすごい数がそろっているし、管理人(=店員)がいて、勝手に新作と入れ替えておいてくれるのです。

便利、そして、楽チンなことこの上なしではありませんか!

さて。話題を別荘に戻します。

私はこの秋元さんの考え方を、そのままパクる……ではなく、リスペクトすることにしました。

つまり、**お気に入りの宿を「自分の別荘」と思う**ことにしたのです。

私には新潟県にお気に入りの宿があって、毎年1回は泊まりに行っています。

その宿は、新潟駅から電車で約30分、そこからさらに送迎バスで約15分のところにある、ワイン蔵の敷地内に造られた温泉付きの宿泊施設です。

敷地内には、この宿泊施設の他に、複数のワイン蔵が入っています。

さらに、窯《かま》で焼いた本格的なピザが楽しめるお店など、レストランもたくさんある。

1泊すると丸2日間、温泉につかって美味しいものを食べてのんびりできる。

すぐ近くにある山の影響で、地上波のテレビが映らないというところも、俗世間から隔離されたような気になれて、私は逆に気に入っています。

「何もしない」というゼイタク。まさに「命の洗濯」ですね。

私は、秋元さんの考え方を真似て、この宿泊施設を全部、自分の「温泉付き別荘」だと妄想しているわけです。

別荘なんて、本当に持ってしまったら管理が大変です。掃除も炊事も自分でしなければなりません。でも、「妄想別荘」なら大丈夫。

掃除も料理も、使用人たち（＝従業員の皆様）がやってくれる。

留守の間も、ちゃんと管理してくれている。

これで、1年にかかる費用はたった数万円（泊まりに行ったときの料金ですが）。

以前に読んだ「心の休ませ方」の本によれば、旅行は、毎回同じ宿に泊まるほうがリラックスできて心が休まるとのこと。

どうです。あなたも、お気に入りの宿を「妄想別荘」にしてみませんか？

32話

祇園祭の山車に釘を使わない理由

時代祭、葵祭《あおい》と並ぶ、京都三大祭りの1つ、祇園《ぎおん》祭では、「山鉾《やまぼこ》」と呼ばれる山車《だし》が、京都の街をめぐります。

その先頭を行くのが、長刀鉾《なぎなたほこ》と呼ばれる、ひときわ美しい山車。

名前の由来は、鉾先に、疫病や邪気をはらう長刀をつけているからなのだとか。

この長刀鉾。

何しろ、その高さは20メートルもあります。

そのため普段は、バラバラに分解して格納されていて、祇園祭の前に組み立てられるのだそうです。

その組み立て。釘は使われず、接合部分を縄でしばって、組み立てるのだとか。

実は、この長刀鉾の組み立てに釘を使わずに縄を使うのには、「ある理由」があるのです。

さて、その理由、あなたにはわかりますか？


えっ？

「釘を使うと、山車に傷をつけてしまうから」ですって？

たしかに。

そういう理由もあるのかもしれませんが、実は他にもっと「実質的な理由」があるのです。


この「縄でしばる」というところがミソ。

引っぱらないで、そろそろ答えを言いましょう。

長刀鉾の組み立てに釘を使わずに縄を使う理由。

それは……。

釘で固定すると、「遊び」がなくて、木が割れてしまうから。

長刀鉾は、祭の行列の先頭を切って街中を移動します。

ずっと1カ所に止まっているものではないので、釘でガチガチに固定してしまうと、無理がかかって木が割れてしまうのだそうです。

これに対して、接合部分を縄でしばると、適当に「遊び」があるので、木に負担がかからないで済む。

専門用語では、この接合方法を「縄がらみ」と呼ぶそうです。

この、釘でなくて「縄がらみ」を用いることについて、長刀鉾を組み立てる職人さんが、こんなことを言っていました。

「遊びがないといかん」

この言葉、私には「人生の教訓」のように聞こえました。

人も、心に「遊び」がなくて、ガチガチに凝《こ》り固まってしまうと、「木」ではなく、

「気」が割れてしまう……。

張りつめた糸は、切れる寸前の状態です。

ある程度の余裕がないと、すぐにプッツリといってしまいます。


俳優の森繁久彌《もりしげひさや》さんは、生前、よく「最近の若い人たちは、心に『縁側《えんがわ》』がない」と言っていました。


縁側って、日本家屋の座敷の外側にせり出した板敷の部分です。いわばと室内と庭との境界線。かつての日本人は、ここに座って夕涼みをしたり、庭で子供がする花火を眺めたり。おじいちゃん、おばあちゃんと孫がお話をする場でもありました。

森繁さんは「日本の家屋から縁側がなくなって、その頃から、人も、心の外側にある縁側を失った」と憂《うれ》いていたのです。


「遊び」「余裕」「縁側」……表現はどうあれ、こうしたものが心にないと、疲れてしまって、うまくいくものも、うまくいきません。

今日の一日、どこかで「心の縁側時間」を設けてみませんか？

33話 ○○○○という言葉がない村

漫画家、水木《みずき》しげるさんの話。

言わずと知れた『ゲゲゲの鬼太郎』『悪魔くん』といったヒット漫画の作者です。

NHKの連続テレビ小説『ゲゲゲの女房』がヒットして、戦争で左腕を失ったエピソードも少し有名になりました。

軍隊の上官から「おまえは暑いのと寒いのとどっちが好きだ?」と聞かれ、つい「暑いほうが好きです」と答えてしまったために、過酷な南方の最前線へと送られた水木センセイ。

配属された隊は、偶然、見張り番として本隊から少し離れていた水木センセイを残し、爆撃であっけなく全滅。

さらに、戦地のジャングルでマラリアにかかり、療養していた野戦病院をまたまた爆撃されて左腕を失うのですから、踏んだり蹴ったりとはこのことです。

でも、神様は、水木センセイから、命も右腕も奪わなかった。そして、腕を失ったことで最前線から退《ひ》いた水木センセイは、パプアニューギニアのジャングルの住民たちと運命的な出会いを果たします。

神様は、一見、悲劇のように見せながら、幸運を運んでくる名人です。

水木センセイが仲良くなったジャングルの住民たちの生活は、実にお気楽なものでした。

さて。

水木センセイの「心の故郷」とも言えるこのジャングルの村には、私たち日本人が普通に使っている、**ある言葉が存在しない**のだそうです。

その言葉とは……。

「しあわせ」

水木センセイは、ジャングルの住民たちの生活についてこう語っています。

「バナナを青いうちに採って、焼いて食べると甘くないからパンのような主食になる。それを1房もいで持って帰ってくれば、1週間とか、1人だと1カ月ぐらい食べられる。だから、食料を確保するのは楽ですね。何だかんだで食べることには困らない。それで、彼らは昼寝をよくします。疲れるとすぐマラリアになるから休むんです。朝と夕方にちょっと働いて昼間は寝てます」

それは眠ることに命をかける（笑）水木センセイにとっては、まさに理想の生活でした。

戦争が終わっても、本気で永住を考えたのも無理はありません。

さらに水木センセイはこう言っています。

「（ジャングルは）年中暑いから、幸せとか不幸なんて言ってられないですよ。よく寝て、よく食べるのが目的なんですよ。成功するとか何とかじゃなくて、それが目的

なんです」

昼間は涼しい家の中でゴロゴロと過ごして、食べたくなったら食べ、眠りたくなったら眠る。

雨が降れば、もちろん仕事（＝バナナ採りなど）もしない。

毎日がある意味、お気楽なので、「しあわせ」という概念がないのです。

そして、「しあわせ」がないところには「不幸」もない……。

自然の中で、自然と共に、自然に生きている彼ら。

ぜひ、「水木しげるが、かつて暮らした村」として日本のテレビ番組のクルーに取材に行ってほしい。

そして、村の人たちに、「しあわせですか？」ってインタビューしてもらいたい。

きっと、彼らはこう答えることでしょう。

「シアワセって何だ？　それ、ウマいのか？」

34話

なぜ、彼らは撃墜されなかったのか？

第二次世界大戦のときの話。

アメリカのJ・P・ギルフォードという心理学者が、空軍からある依頼を受けます。

それは、**「心理学者の立場から、爆撃機のパイロットにふさわしい者を選んでほしい」**というものでした。

依頼されたギルフォードさん。知能指数や学業成績、そして個人面接の結果などから判断し、自信たっぷりに適任者を選出しました。

ところが、彼が選んだパイロットたちは、ことごとく撃墜されてしまったのです。

一方、退役軍人が選出したパイロットたちはほとんどが撃墜されませんでした。

この結果に大ショックを受けたギルフォードさん。

なぜそんなことになったかを調査しました。

すると、次のようなことがわかったのです。

ギルフォードさんが選んだパイロットたちは皆、すごくマジメ。敵の対空射撃にあったら、マニュアル通り上昇して逃げ、その逃げ方を予想して上空で待ち伏せしていた敵機に撃墜されていました。

一方、退役軍人が選んだパイロットたちは、**その場に応じて臨機応変に下降したりジグザグ飛行をしたりと、相手の予想外の動きをすることで助かっていた**のです。

この事実を知ったギルフォードさんは**「創造性や独創性」**の大切さを知り、その研究に没頭していきました。

そんなギルフォードさんが考案した、簡単な**「創造力のテスト」**があります。

それは**「レンガ1個の使い道をできるだけたくさん考える」**というもの。

やってみるとわかりますが、すぐに10も20も使い道が浮かぶ人もいれば、3つくらいでギブアップしてしまう人もいるのです。

さて。

では、あなたも「朝の頭の体操」として、30秒だけやってみてください。
用意、スタート！

……。

……。

……。

はい！　お疲れさまでした！
どうですか、10個くらいは浮かびましたか？
もし、2つがやっと……なんていう結果なら、だいぶ頭がカタくなっていますよ！
これ、マジメな人は「ちゃんと使える」という前提に立つので、「ドアおさえ」「小物を乗せる台」……えーとそれから……と悩んでしまいます。

かたや、ポンポン使い道が浮かぶ人は、「ちゃんと使えるか」なんてカタい話は抜きにして、次々と使い道を考え出します。

「トンカチ代わり」「武器」「おもり」「鉄アレイ代わり」「ブックエンド」など実用的なアイデア以外に、「表札」「インパクトのある名刺」「ペットのお墓」「腕が鍛えられるキャッチボール用のボール代わり」「バットで叩き割るストレス解消の的」など、本当にいくらでも出てくる……。

こういう人は「レンガなんか名刺にしたら重いだろ！」なんてことは考えません。

そうやって**常識にとらわれないで自由に発想していくと、ふと、「誰も考えなかったすごい活用法」がひらめく**ことがあります。

レンガがいくつでもタダで手に入る環境にいる人が、そんなアイデアを思いつけば、あっという間に億万長者です。

実は多くのお金持ちは、そうやってオイシイ商売を考え出しているのです。

頭のやわらかさは身を助ける！

さあ、今日も頭をやわらかくして、臨機応変にいきましょう！

35話

「ウケる」は「受ける」

自分の話は面白い！　私の話はウケている！

そう自信を持っている人の話は、得てして独りよがりで、聞いている人たちがドン引きしていることってありますよね……。

居酒屋で、酔っぱらって後輩社員を相手に熱弁をふるっている人。

お酒だけでなく自分の言葉にも酔っていて、後輩社員たちが心底イヤそうな顔をしていることにも気がつかない……。

喫茶店で仕事の打ち合わせをしているらしい人たちにも、このタイプ、よくいます。

「オレもさぁ、この業界長いからわかるけどさぁ、だいたい○○なんてものはさぁ」

と、若い後輩や商談相手にいい調子でしゃべっている人。その相手がチラチラと腕時計を見て、席を立ちたがっているのはまったく目に入らない……。はたから見ていると、ちょっと哀れにすら感じてしまいます。

とはいえ、「人の振り見て我が振り直せ」。

自分も、気がつけば「ウケている」と勘違いして、イイ気になってしゃべり倒しているかもしれません。

ご用心、ご用心。


さて。

NHKエンタープライズ番組開発エグゼクティブプロデューサーの吉田《よしだ》照幸《てるゆき》さんの著書の中に、「ウケる話の本質」について書かれていましたのでご紹介します。

吉田氏は、大ヒットした連続テレビ小説『あまちゃん』の演出を担当され、また、NHKの伝説のコント番組、『サラリーマンNEO』の企画者でもある方。

その吉田さん曰く。

「多くの人が間違いがちなのですが、『ウケる』というのは、自分が目立ってその場を面白くするものではありません。

『ウケる』とは『受ける』であります。場の空気を読み、相手を気づかう『おもてなし』こそが、『ウケる』のです」

この見方は目からウロコでした。

吉田さんは相手の言葉を受けて、その場に合った絶妙なコメントで切り返せる人が「ウケる人」だと言うのです。

たしかに、テレビ番組で「ウケるタレント」は、実に的確なタイミングで、誰かのトークにツッコミを入れてその場を盛り上げています。

今度、そこにだけ注目してバラエティ番組を観てみてください。しょっちゅう番組に呼ばれるタレントのほとんどは、**自分から面白い話をするより、人の話を「受けて」、その「返し」が神ワザのようにうまい**のだとわかるはずです。

これ、タレントだけの話ではありません。

「相手の話を受ける」という姿勢ができていれば、「○○って知ってる?」と話しかけられたときに「ああ、知ってる知ってる」と答えて「知っていることを自慢しようとした相手の気持ちをなえさせる」ようなことはしないでしょう。

吉田さんは、「面白い会話」をするためのコツとして次の3つを挙げています。

- **自分が楽しい話をするより、相手が楽しいと思う話をすること**
- **自分1人でその場を盛り上げようとするより、その場を見ながら話をすること**
- **自分ならではの視点で話をすること。無理はしないこと**

そして、こうまとめているのです。

「相手のことを思いやって、相手に喜んでもらうという心。それがはずむ会話を生み、笑いを引き起こします。（中略）『自分が目立とう』と、1人ではしゃいでしまっては、相手に伝わりません」

いや〜、吉田さんの話は耳が痛い。以後、気をつけます（苦笑）。

36話 その芸人が「呼ばれるワケ」

以前にテレビで、「テレビにはあまり出演しないで、お笑いライブなどの営業でもっとも稼ぐ芸人は誰か?」という話をやっていました。

誰だと思いますか?

答えは圧倒的に、漫談家の綾小路《あやのこうじ》きみまろさんなのだそうです。

綾小路きみまろさんといえば、「オバタリアン、化粧落とせばエイリアン」「中高年のダイエット。やせたねと言わせるつもりがやつれたね」など、「中高年の人たち」を愛情と毒たっぷりにいじくる漫談で知られます。

数秒ごとに会場が大爆笑になるのがウリで、きみまろさんが出るライブは千人、2千人入る公民館などがあっというまに完売になるそうです。

これは、たしかに儲かるわけです。

そんなきみまろさんが、テレビのバラエティ番組の中で「綾小路きみまろの営業先での3つの決め事」を披露していました。

その3つは次の通り。

1　公演は必ず14時～15時の1時間
2　同行者は必ず付き人1人だけ
3　食事は必ず滞在先ホテルの中華料理

ちょっと「?」の決め事もありますね。では、それぞれの理由を見てみましょう。

1　公演は必ず14時～15時の1時間
これはライブに来るお客さんの多くが中高年の主婦であることへの配慮。たしかに、朝、旦那さんと子供を送り出して、家事を終え、お化粧をして外出し、友達と待ち合わせてお昼を食べ、それから会場に行くとちょうど14時くらいです。そして、ライブが15時に終われば、それから買い物に寄っても、ちゃんと夕飯の支度に間に合う……。

つまりこれは、会場に来るお客さんのことを考えた決め事。

2　同行者は必ず付き人1人だけ

これは会場への配慮。何しろ、きみまろさんのライブは、マイクを持ち、1人で出てきて「ようこそおいでくださいました。目を閉じたくなるよう美しい方ばかりです。一番いいものを着て来られているのにその程度」などと、ひたすらしゃべくるだけ。セットも楽器も大勢のスタッフもいらない。会場側にすれば、機材の搬入搬出代も大勢のスタッフの宿泊代もかからないわけで、とても安あがり、手間もかかりません。

ちなみに会場入りするときのきみまろさんの荷物はトランク1つなのだとか。

つまりこれは、会場の主催者とスタッフのことを考えた決め事。

3　食事は必ず滞在先ホテルの中華料理

きみまろさんは「中華なら出てきた料理をすぐに皆で取り分けられるから便利」と言っていましたが、実はこれ、きみまろさんを接待しようとする人たちへの配慮です。

地方公演では、ときに地元の名士などから接待を受けることがあります。そんなとき、黙っていると気をつかわれて高い料亭で一席設けられてしまうことも……。しかし、「夜は滞在ホテルで中華料理に決めています」と伝えておけば、接待するほうも楽。それに中華なら、お金もそんなにはかかりません。

つまりこれは、接待側の手間と予算を考えた決め事。

こうしてみると、この3つの決め事。

「お客さん」「会場」「接待者」と公演にかかわるすべての人たちにとっての「時間と手間とお金」に優しい気づかいになっているのです。

きみまろさんに、次々とライブの仕事が入る理由がわかりますね。

そして、これはどんな職業にも同じこと。

「イイ仕事をして、優しい配慮のできる人」には、次々と「イイ仕事」が入ってくるのは当然の話です。

今日を、よりよい日にしていくために、心したいことですね。

37話 シャッターを開けたら……

経営コンサルタントの山形琢也《やまがたたくや》さんの著書に出てくる話です。

店舗の改装や看板などを取り扱っているある会社のセールスマン、Gさん。

いかつい顔で、その上、特にしゃべりがうまいわけでもありません。

しかし、営業成績はトップ。

いったい彼は何を「武器」にしているのでしょう?

これは、その答えがよくわかる、ある無愛想な店主をくどき落としたときのエピソード。

彼が目をつけた高級刃物店は、今にも落ちそうな看板を掲げていました。

店主に「看板は店の顔ですよ」と新しい看板の設置を勧めますが、主人のほうはどこ吹く風で耳を貸そうともしません。

どうも、この店主、刃物職人としての腕はたしかで固定客がいるため、儲けは出ていて、店舗の見た目については気にもしていない様子。

しかし、店内の掃除が行き届いていることに気がついたGさんは、「脈がある」と考えて次の日から毎日、その店に通い始めます。

店主が午前10時に店のシャッターを開けると、Gさんは必ず、すでに立っていて、「おはようございます」とか「今日は寒くなるそうですよ」とか、たわいもないことを話しかけてくる。無視していると、Gさんは何を売り込むでもなく、「では、失礼します」と言って帰っていく。そんな日々が続きました。

はじめは黙り込んでいた店主も、毎日となると、だんだん心を許して、数分程度の会話をするようになっていきます。

そんな状態が3カ月も続きました。

と、ある朝。

店主がシャッターを開けると、いつも立っているはずのGさんがいない。

「昨日は元気そうだったのに、風邪でもひいたのか?」

3カ月間、1日も休まずに通ってきていた彼のことが、どうにも気になってしかたがない。

とうとう、最初の日にもらった名刺をひっぱり出して、会社に電話をかけます。

電話に出たのはGさんでした。

「○○さん、どうも。いかがいたしました」と言うGさんに店主はこう言います。


「どうもこうもないよ。シャッターを開けたら君がいないじゃないか!」


店主の言葉を聞いたGさんはひと言、お詫びを言うと、すぐに店舗へと車を飛ばします。そして、店に着くなり「気にかけていただいてありがとうございます!」と店主にお礼を言ったのです。

店の内装工事と新しい看板の注文が入ったのは、その日のことでした。

もうおわかりですね。トップセールス、Gさんの「武器」。

それは、**「継続」**でした。


この店主だって「Gさんはセールスのために通っている」とわかっていました。しかし、それでも、毎日顔を合わせて会話をするうちに、Gさんが信用できる人間であると知り、Gさんになら注文してもよいかなと思うようになったのです。

Gさんは言っています。

「私は第一印象で人から好感を持たれる顔をしていない。口も上手ではない。しかし、何でも熱心にやれば、人は必ず好感を持ってくれる。私のような不器用な人間は、人の信頼を得るためにはこれしかないんです」


どんなに不器用な人も、意志さえ持てば「続けること」はできるはず。

それができれば、誰でも、Gさんのように「すごい武器」を手に入れられるのです。

38話 イギリス式、バレンタインデー

バレンタインデー。

かつての日本では、単純に「女性から男性に、愛の告白としてチョコレートを贈る日」でした。

それが、「職場などで大量の義理チョコが行きかう日」「女の子同士が『友チョコ』を交換する日」「女性が自分へのご褒美《ほうび》として高級なチョコ（＝「自分チョコ」）を食べる日」……と、さまざまな要素が加わり、進化を続けています。

この習慣。名前の通り、もともとは西洋の習慣です。

それを日本のチョコレートメーカーがうまく商売に結びつけたというのはご存じの通り。そのへんの話は、今回は置いておくとして、イギリス式のバレンタインデーの

話。

イギリスのバレンタインデーは、「愛の告白をする日」というより、カップルが**「愛を確かめ合う日」**という意味合いが強いのだそうです。

夫婦や恋人同士がバラの花やワイン、ジュエリーなどを贈り合うのですね。

男女がお互いにプレゼントを贈り合うので、日本の「ホワイトデー」のような「お返しの日」は存在しません。

さて。

イギリスには昔から面白い習慣があります。

バレンタインデーの贈り物には、メッセージ付の「バレンタインカード」が添えられるのですが、この**カードには、なんと贈り主の名前が書かれていない**のです！

これが、夫婦や恋人同士なら、誰からの贈り物なのか明々白々。

でも、ガチンコの「愛の告白」だと、贈られたほうは、「誰からの告白」なのかがわからないという事態に陥ってしまう……。

ここで、「何のための愛の告白?」と思うのは日本人の発想です。

シャーロック・ホームズを敬愛するイギリス人は、とにかく、推理が大好き!

あの世界的な大ベストセラー、『ハリー・ポッター』シリーズも、毎回、必ず「謎解き」の要素が入っていましたよね。

バレンタインデーに贈り主不明のプレゼントを受け取ったら、さっそく、誰からの愛の告白なのかを推理するのです。

ヒントは、「バレンタインカード」に書かれたメッセージ。

差出人は、自分の名前を書かない代わりに、メッセージの文中に、「推理のヒント」を入れておくのが礼儀。

ヒントとは、たとえば。

「毎朝、バス停であなたのことを見ています」

「オフィスでのあなたはとても頼りになります」

「去年、はじめて出会ったときから好きでした」

こうしたヒントから、受け取った側は、あの人かしら、それともあの人かしら、といろいろ推理をめぐらせる……というわけです。

えっ？

「それじゃ、差出人が誰なのかわからないままなのか？」ですって？

ご安心ください。

イギリスの文化に詳しい作家の井形慶子《いがたけいこ》さんによれば、実はこの「バレンタインカード」、手書きが原則。

差出人の目ぼしがついたら、相手に手紙を書くなどして返事を求め、戻ってきた返事の筆跡とバレンタインカードの筆跡を照合して、差出人かどうかを確かめるのだとか。

何だか、推理小説に出てくる「筆跡鑑定」のようです。

「あなたたち、どんだけ『推理』がお好きなの？」と、ツッコみたくなりますね！

39話

銀座、シェイクスピア事件

「ここの店員てさぁ、へんな口グセがあるよね」

家族と共に居酒屋チェーン店に来た小学生が、店員たちを見て言った言葉です。

「えっ、へんな口グセって?」

「ええとね、『ハ・イ・ヨ・ロ・コ・ン・デ』」


そうです。お客さんが注文したあとに店員たちが言う「はい喜んで!」が、この小学生には、意味不明の「口グセ」に聞こえたのです。

理由は簡単。心を込めて言っているように聞こえず、意味が伝わってこないので、へんな口グセだと思ってしまったのです。言われてみれば、「ハ・イ・ヨ・ロ・コ・

ン・デ」って、ロールプレイングゲームに出てくる呪文みたいです。

ある「販売のプロフェッショナル」はこんなことを言っています。

「居酒屋チェーン店などで、よく店員たちがお客の顔をぜんぜん見ることなく、単に『イラッシャイマセー』と叫んでいるけど、『セー』しか聞こえなくて、店中に『セー』の声が響いている」

こうした決まり文句なら、まだ、心がこもっていなくてもよいのです。

しかし、これが「褒め言葉」になると、トラブルになりかねません。

接客のプロ中のプロ、銀座のクラブのママが書いた本（『銀座流売れっ娘ホステスのほめ方・ほめ言葉』佐藤奈月著）には、「褒めようとして安易に口にした言葉でトラブルになった話」がたくさん出ています。

たとえば。

プロのピアニストに**「ピアノが弾けるなんてすごい！」**と言ったホステスさんは、

それっきり2度と口をきいてもらえなくなったそうです。

大企業の社長に**「すごい！　統率力がありそう！」**と言ったホステスさんは、その後、その社長から1時間にわたってお説教をされました。

「オレ、高校のとき、ボクシング部だったんだ」と言ったお客に、1人のホステスさんが**「○○さん、強そう。マイク・タイソンよりも強そう」**と言ったところ、そのお客は気分を害して、10分後に帰ってしまいました。

この本に出てくる、そうした「褒めようとして失敗した話」の中でも、私が特に面白いなと思ったのは、「シェイクスピア事件」です。

このママのお店に勤める新人のホステスさん。

作家をしているお客さんに気に入られようとして、わざわざそのお客が書いた小説を読んで褒めることにしました。

そこまではよかったのですが、彼女は作家にこう言ってしまったのです。

「○○さんの小説、すっごく面白かったです。シェイクスピアなんかよりも、ぜんぜん面白かった」

その言葉を聞いたこの作家。

「おまえなんかにシェイクスピアの偉大さがわかるか。ふざけたことを言うな、バカヤロー！　文学をなめるな！」と烈火《れっか》のごとく怒り出したのだとか。

シェイクスピアは「物語のパターンは、シェイクスピアがほとんど書き尽くしている」とまで言われる偉大な作家です。まあ、たしかに軽率なひと言でしたが、新人ホステスさんを相手に本気で怒る作家のほうも大人げない気がします。

ホステスさんも、その作家の面白くもない（たぶん）小説を頑張って読んで、褒めてあげたのにキレられて、ちょっと可哀想ですね。

来ているお客さんもたいしたサービスを期待していない居酒屋チェーン店なら許されても、高級な銀座のクラブになると「心のない上っ面の言葉」は許してもらえないようです。

40話

天狗の鼻の伸ばし方

前回のお話に続いて、「人の褒め方」についての話。

あの勝海舟《かつかいしゅう》が、最後の徳川将軍、徳川慶喜《とくがわよしのぶ》のことを「褒めて」、気に入られた……という話があります。


大政奉還のあと、しばらく謹慎処分になっていた徳川慶喜は、明治になって謹慎がとけると、東京の巣鴨で悠々自適な隠居生活を送っていました。

彼の邸宅に、勝海舟をはじめとする旧幕臣たちが訪ねてきたときのこと。

皆、慶喜に気をつかって、いろいろとお世辞を言います。

ある者は「立派なお屋敷ですね」と褒め、また、ある者は室内の調度品を見て「豪華な家具ですね」と褒めました。

そんな中、勝海舟は、まったく別のものを褒めたのです。

「机の上に置かれているこの写真は、慶喜様が撮《と》られたのですか。なかなかの腕前でございますな」

その言葉を聞いた慶喜は途端に機嫌がよくなり、そのあとは、ずっと勝に対して笑顔を絶やさなかったのだそうです。

それもそのはず。

実は慶喜さん、その頃、写真撮影に凝っていて、夢中になっていたのです。

大好きな趣味であり、自分でも少し自信を持っている写真の腕を褒められて、「天《てん》狗《ぐ》の鼻」が伸びまくってしまったのですね。

イギリスの物理学者、ニュートンはこんなことを言っています。

「相手が気に入っている事がらを褒めれば、たちまち相手はあなたに好感を持ってくれる」

勝海舟は、慶喜が「何に夢中になっているか」を知った上で、しっかりと「それ」にフォーカスして褒めたというわけ。


褒めるときは、相手のお気に入りを褒める。

これ、すごく効き目があります。

厳しい上司は、ヒイキにしているプロ野球チームの話題に弱いかもしれません。

ガンコな取引先の役員は、お孫さんの話をするとニコニコし始めるかもしれません。

手ごわい女性社長は、飼っているネコちゃんを褒めたらメロメロかもしれません。


では最後に、昔どこかで聞いたある落語家の「伝説の褒め言葉」のエピソードを紹介します。

その落語家が、某大物とその奥様と一緒にゴルフをしたときのこと。

奥様に気に入られたいと思っていたその落語家。

奥様が、バンカーショットでボールをうまく脱出させたとき、奥様に聞こえるくらいの声の大きさで、こんな独り言を言ったのです。

「まったく、まいっちゃうよなぁ、美人で頭がよくて、その上、ゴルフまでうまいんだから……」

独り言で、しかも「ボヤキとしてつぶやく」というのが高等技術ですな。

このボヤキを耳にしたこの奥様、そのあとはすっかり上機嫌で、この落語家を可愛がること可愛がること……。

「天狗の鼻の伸ばし方」

ポイントは**「相手が好きなものをさりげなく」**ですぞ。

THE 50 STORIES
THAT CHEER UP YOUR HEART

明日がますます輝く章

思わず「ありがとう」と言ってしまう話

41話

「冷蔵庫の飲み物」の教え

あるご夫婦。２人で旅行に出かけたとき、事件は起こりました。


旅先のホテルで部屋に入ります。

部屋に備えつけの冷蔵庫の中には、数々のドリンク。

それを見て、旦那さんは子供の頃に聞いた父親の言葉を思い出します。

父曰く。

「ホテルの部屋に備えつけてある冷蔵庫の飲み物には、絶対に手を出すな。普通に買うより、高いからな！」

この旦那さん、今までずっとその言いつけを守ってきました。

大人になってからホテルに泊まる機会があっても、冷蔵庫には決して近づかないようにしていたのです。

と・こ・ろ・が。

部屋に入るなり、奥さんは「ああ、ノドが渇《かわ》いた」などと言いながら、冷蔵庫の扉を開けたかと思うと、旦那さんの目の前でグビーッとジュースを飲み干してしまうではありませんか！

それを見て、内心、「うわぁぁぁ〜〜！」っと、叫び声をあげる旦那さん。

いつもならケンカになる場面。しかし、旦那さん。奥さんがあまりにも堂々と、しかも簡単に自分がそれまでの人生でタブーにしてきたことを突破する姿に、怒りや驚きを超えて感動してしまいます。ちょっと尊敬の念すら抱いてしまったのです。

しばし呆然としたあと、旦那さんは奥さんに、「自分が子供の頃に親から聞いた教え」を伝えます。

すると奥さんは、こんなことを言ったのです。

「面白いわね。私は子供の頃、父から『ホテルはなかなか儲からないから、こういうところで利益を出させてあげることが大切なんだよ』と教えられたわ」

この話は実話です。

旦那さんの名前は本田健。そう、『ユダヤ人大富豪の教え』などの著書で知られる作家の本田健さんです。

本田さんは、この体験から著書の中でこんなことを言っています。

〈パートナーと打ち解け合うとすばらしいのは、まったく別の視点から物事を見ることができること〉

〈カップルの間に感情的な対立があったとき、相手は『これまでと違った見方もあるよ』と教えてくれています。相手の価値観に好奇心をもって、それを尊重できれば、カップルは二人一緒に成長することができます〉

「職場の悩みのほとんどは人間関係に起因する」と聞いたことがあります。

職場に嫌いな人が1人いると、つい気持ちが重たくなってしまうもの。

そんなときは、「この人はまったく違う人生を歩んできたのだから、考え方が違っていて当たり前」と思ってみてください。

極端に言えば、違う星からやって来たエイリアンだと考えてもいい。

そう考えれば、その人の怒りをまともに受けてヘコんだり、頭にくることもグッと減るはずです。

ちなみに、作詞家の秋元康さんは「自分が嫌いだと思っている相手」と会う機会をわざと定期的に設けているそうです。

その理由は。

「嫌いな相手は『自分とそっくり』なので、その人を見て自分への戒《いまし》めとするため」なんだとか。

人間関係を円滑にして、今日をイイ日に変えるコツは、「他人のことを認め、自分のことを他人のように客観的に見る」なのですね。

42話 チームメイトが泣き出した理由

あなたは「ヘッポコヒッターズ」という野球チームをご存じですか？

ええっ、ご存じない！

これは、かつてアメリカの大リーグに実在した球団の名前……ではなく、私が小学6年生のときにクラスの友達と結成していた草野球チームの名前です。

失礼。あなたが知らないのも当然ですね。


小学6年生当時の私は野球少年。

学校が終わると、毎日のようにヘッポコヒッターズの仲間と、家の近くのグラウンドで練習をしていました。まあ、練習といっても、ノックをしたり、ピッチャーとバッターをメンバーで順番にやったりと「野球部ごっこ」のようなものでしたが……。

すっかりイイ気になって、授業が終わったあとの「帰りのホームルーム」では、「今日は、このあと、〇〇グラウンドで練習をします。ヘッポコヒッターズの皆さんは〇時までに集合してください」と発表までしていました（おバカですよね。担任の先生の広い心に今さらながら感謝です）。

当時の1クラスの人数は40人くらい。半分は女子でしたから、クラスの男子の半分くらいはヘッポコヒッターズに所属していたわけです。

さて。

ある日のこと。このヘッポコヒッターズを揺るがす事件が起こりました。

なんと、同じクラスにもう1つ、草野球チームができるというのです。

新チームの監督兼選手（といっても小学生ですが）は、当然、わがチームから選手を引き抜きにかかります。

白羽の矢を立てられたのが、ヘッポコヒッターズの名セカンド、井ノ下君（仮名）。「引き抜き」の動きがあることは私もつかんでいましたが、親友の井ノ下君がチームを裏切るわけはないと思っていました。

なのに、新チームの監督が、私にこんなことを言ってきたのです。

「井ノ下はもう、うちのチームへの移籍を決めたから！」

そんなバカな、と思った私は、そばにいた井ノ下君の顔を見ます。

黙って首を横に振る井ノ下君。

その井ノ下君の顔を見た瞬間、新チームの監督が大ウソをついているとわかった私は、「んっ、わかった」とだけ言って新チームの監督を無視してその場を離れました。


放課後。

私が、さっきそんなことがあったことも忘れて、いつものように井ノ下君を練習に誘うと、彼は急に泣き顔になってこう言うではありませんか。


「オレ、ヘッポコヒッターズやめるから！

だって、ぜんぜん信用してくれていないんだもん！」


そうです。

私が、新チームの監督の大ウソを簡単に見破って「んっ、わかった」と言った言葉を、井ノ下君は「おまえがチームを移るなら、わかったから勝手に移れ！」という意味だと勘違いしていたのです！

私は大いにあわてて**「んっ、わかった」の本当の意味**を井ノ下君に伝えました。井ノ下君も自分の勘違いだったとわかり、移籍話はなかったことになったのでした（というよりは、新チームの発足は立ち消えになったのですが……）。

子供の頃のたわいない出来事かもしれません。

しかし、この体験は今も私の心に教訓として残っているのです。

それは、**「どんなに相手を信頼していても、それをちゃんと相手に伝えなければ、大きな誤解を生んでしまう可能性がある」**という教訓です。

これ、いつでも、誰にでも起こり得る悲劇ですよね。

「言葉が足りなくて、誤解を生んでしまった」という出来事に出会うたびに、私はあの日、突然泣き出した井ノ下君の顔を思い出すのです。

43話 ケリーさんとのバドミントン

私が高校生だったとき、同級生に足が不自由な友人が1人いました。

普段は松葉杖2本が手放せません。

しかし、とても明るい男で、足が不自由なことなどまったく気にしていない様子。

そうなると、こっちもぜんぜん気にならなくて、よく、仲間で、ごく自然に彼をおんぶして移動したりしていました。

体育の授業で「けんすい」をやったときは、他の皆が3〜4回でギブアップしているのに、彼だけが10回やっても20回やっても平気な顔をしていて、クラス中の尊敬のまなざしを集めたものです。

普段、2本の松葉杖に体重をあずけて行動していますから、腕の強さがハンパなかったのですね。

さて。

これは作家、写真家、フォトジャーナリストなど、さまざまな顔を持つ有川真由美《ありかわまゆみ》さんが体験したお話です。

彼女が台湾に住んでいたとき、足が不自由な50代の女性の友人がいたそうです。

彼女の名前はケリー。幼い頃に交通事故で足が不自由になったのですが、それを気にするそぶりもなく、おしゃれで明るい女性でした。

ある日、有川さんと友人たちは一緒にバドミントンをすることになりました。

そうは決まったものの、皆、内心は「ケリーに悪いな」と思っていたのです。

ところが、ケリーさん、**「私も行くわ！」**と言うではありませんか。

バドミントンの当日。

コートにやって来たケリーさんを見て、皆、わが目を疑いました。

なんと彼女、全身バッチリとバドミントン・ウェアで現われたのです。

そして、コートのド真ん中に立つと、満面の笑みでこう叫んだのです。

「みんなー、ヘタな球は返さないでねー。

何しろ私は動けないから、ちゃんと私がいるところに返してねーー!」


有川さんは、彼女の明るく堂々とした態度に感動したそうです。

そして、その日のバドミントンは、皆が「ケリーが打ち返しやすいように、ちゃんと彼女がいるところにシャトルを返す」という目的のために一生懸命になり、とても楽しく、笑顔が絶えない時間になったのです。


ここで私が言いたいのは、「体が不自由な人に気をつかって助けてあげましょう」という話ではありません。

むしろ真逆で、「ぜんぜん気にしないでいきましょう!」ということです。

「そんなの言われるまでもない」と思われたかもしれません。でも、私がここであえて言うのは、知り合いの若者から「体が不自由な人との接し方がわからない」という声を聞いたから。

優しい人ほど、つい気をつかいすぎて、接し方がわからなくなってしまうようです。

でも、体が不自由な人への「余計な気づかい」は、基本、不要です。

運動会で足が不自由な子が走るとき、一緒に走る子供たちに全力で走らせなかった学校があるという話を聞きましたが、ナンセンスの極み。

そんなことをされたら、足が不自由な子も居たたまれません。

もちろん、「気にしない」というのは「困っていても助けるな」という意味ではありません。

体が不自由な人が、不便そうにしているのを見たら普通に手伝ってあげる。

それは、体が不自由だろうが何だろうが関係ありません。

「困ったときはお互いさま」。

手伝ったり、助けたりして、「ケリーさんとのバドミントン」のように楽しくやればいい。

あなたも私も、人は皆、他人の助けなしには生きていくことはできないのですから、誰だって同じこと。

皆、足りないところを補い合って生きている。だから「お互いさま」なのです。

44話

ウラシマタローを探して

私は外出中に少しでも時間があると、書店に入ります。

面白いタイトルの本や、好きな作家の新刊が出ていないかを見て、気に入ったらすぐに購入するためです。

何しろ、1日に発行される新刊は200冊を超えるそうで、油断はできません。

そして何より、本屋さんのあの雰囲気が好きなのですね。


さて。

これは、某デパートの中に入っている、ある書店での私の目撃談。

いつものように私が本を物色していると、ふと、こんな声が聞こえてきました。

「ウラシマタロー、ドコデスカ?」

見れば、60歳くらいの品のよい外国人(雰囲気は英国人)ご夫婦が、店員に話しかけているところでした。耳をダンボにして聞くと、どうやらこのご夫婦、英語で書かれた「浦島太郎」の絵本を探しているらしい。

広い書店の洋書コーナーにまではたどりついたものの、お目当ての絵本がなくて店員にヘルプを求めたのです。

話しかけられた店員は、少しもあわてず、トランシーバー(?)で外国人担当(いや洋書担当か?)へ連絡をとっている様子。

すぐにやってきたのは若い女性店員でした。

事の次第を聞いたその店員さん、すぐさま本棚から1冊の本を探し出します。

目をミッキーマウスにして見ると、それは英語で書かれた『日本昔話集』。

ハードカバーの絵本で、薄いけれど、かなりのビッグサイズ。

「浦島太郎だけではありませんが……」と店員さん。

本を手渡された外国人ご夫婦。ペラペラとページをめくって、「サンキュー」とは言ったものの、お互いに見つめ合って「……」と、納得のいかない表情。

どうも、何かがお気に召さないらしい。

それを見てとった女性店員さん。スッとその場を離れてしまいます。

残されたご夫婦は、「どうしようか……」といった感じでたたずんでいる。

ものの30秒後。

小走りで戻ってきた女性店員さん。その手には、絵本が2冊。

「ウラシマタローだけの絵本がありました!」と、2冊の本をご夫婦に渡します。

「オオッ! サンキュー!」とご夫婦。

さっきの「サンキュー」とは、明らかに「サンキュー」が違う。

持ってきた2冊のうち、1冊を手にとってページをペラペラめくると、満面の笑顔でひと言。

「コレニシマス」

さっき手渡された『日本昔話集』は店員へ戻して。

「コッチハ、チョットオオキイデスネ……」

よかったですね。一部始終を見ていた私もひと安心。

海外に住むお孫さんへのお土産なのかはわかりませんが、見事、「ウラシマタロー、ゲットだぜ！」です。

こんなキュートなやりとりが、書店では今日もどこかで繰り広げられているのです。

あなたも今日、時間があったら、出会いと探求の殿堂、書店へぜひ！

45話 招待されなかった先生

子供というのは、ときとして残酷なことを平気でやるものです。

たぶん、「こんなことをやったら相手が傷つく」というところまでなかなか考えが至らないからなのでしょう。


私が小学校の高学年だったときの話です。

学校で、子供たちがカレーライスを作って、「先生たちをお昼ごはんに招待する」というイベントがありました。

たしか、「学期末を控えて、先生たちへ感謝する」というような意味の会だったと思います。いわば、生徒たち主催の謝恩会ですね。

その会は「生徒が先生を招く」というコンセプトなので、生徒が先生たちへ招待状を出しました。

そうです。

生徒たちが嫌っている先生には招待状が届かないのです。


結果。

ある先生だけが、その会に招かれませんでした。

これがもし、大人が主催する会だったら、どんなに嫌いな先生でも、「気をつかって」招待するでしょう。

でも、子供たちは残酷で容赦ない。

もちろん私も、「あの先生は呼びたくないな」と思っていたので、「招待しないのは当たり前」と思っていました。


その先生。当日、他の先生たちが生徒と楽しくカレーを食べているとき、どんな思いで職員室に残っていたのでしょう。

想像するだけで胸が痛みます。

ずいぶん大人になってから、この出来事を思い出したとき、「うわ〜、ヒドイことをしてしまったな〜」と後悔しました。

今、もし小学校の同窓会があって、その先生がいらしていたら、「あのときはヒドイことをしてしまいました」と謝りたいくらいです。


それに、もしあのとき、その先生を招いていて、授業のときに見せる顔とは違う一面を見ていたら、その先生へのマイナスイメージもなくなったかもしれません。

そう考えると、千載一遇のチャンスを逃したともいえます。

大人になった今でさえ、**とっつきにくいと思っていた相手と、一度、飲み会で一緒になっただけで打ち解ける**ということがありますものね。


もう1つ、心づかいが足りなくて後悔している話。

これも私が小学生だったときのこと。

夏休みに福島県へ行った私は、当時、大好きだった理科の先生にお土産として「薄皮まんじゅう」を買いました。

そのことを、当時担任の先生との間でやっていた「交換日記」に書いたのです。

そう。

その担任の先生には何1つお土産を買っていないのに……。

日記を読んだ担任の先生、きっと気を悪くしたことでしょう。

小学生のときの自分の「心ない行ない」を反省。

せめて大人になった今は、同じ失敗をしないようにしたいものです。

46話

師匠一家の食卓

落語家でありタレントだった2代目桂小金治《かつらこきんじ》さん。

生前は、ワイドショーや『それは秘密です!!』などのテレビ番組の司会でも活躍されました。

これは、そんな彼が号泣した話。


小金治さんの正式な師匠は、2代目の桂小文治《かつらこぶんじ》です。

しかし、あるとき、5代目柳家《やなぎやこ》小さん（※注　その当時の名はまだ「小三治《こさんじ》」でしたが、ここでは「小さん」で統一します）の高座を観た小金治さんは、そのうまさに感激し、小文治師匠に「小さん師匠のところへ出稽古に行きたい」と申し出ます。

ハッキリ言って失礼な申し出ですよね。

しかし、小文治師匠はこの申し出を快諾します。

実は、小文治師匠は上方落語《かみがたらくご》（＝関西の落語）の出身だったため、「東京出身の小金治は、自分が稽古をつけるより、東京出身の落語家に習ったほうがよい」と考えていたのです。

小文治師匠は、小さんへの弟子入りを認めてくれただけでなく、自ら小さんへ電話をかけてくれて、小金治さんはめでたく「小さん師匠への外弟子入り」が決まったのでした。

さて。小さん師匠宅へ通うようになった小金治さん。

当時はまだ戦争が終わったばかりで、食糧事情が悪い時期です。

にもかかわらず、稽古のあとに、師匠宅ではいつも「白いご飯」が出ることに感心していました。

「さすが、売れっ子の落語家は羽振りがいい」と思っていたのです。

そんなある日。いつものように、稽古のあと、「白いご飯」をご馳走になり、小さん宅を出た小金治さん。

忘れ物をしたことに気がついて、小さん師匠宅へ戻ります。

すると、ちょうど小さん師匠一家が食卓を囲んでいる。

「さぞや豪華なものを食べているのだろう」と、食卓をのぞき込んでみると……。

小さん師匠一家が家族4人で食べていたものは、たった1個のイモでした。

それを分け合って食べていたのです。


それを見た小金治さん。

自分の「浅はかな考え」と、小さん師匠の度量の大きさに感動して号泣します。

そして、このことを泣きながら、師匠、小文治に報告したのです。

話を聞いた小文治師匠は、小金治にこう言ったそうです。

「小さんはなあ、おまえに落語を教えようとしているんじゃない。江戸落語を後世に残そうとしているんだ」

く〜っ。シビれる話です。

のちに人間国宝にまでなる若き日の小さん師匠が、まずカッコイイ。

これが、せこい師匠だったら、家族で肉とか刺身とか食べていて、食卓をのぞき込んだ小金治に「なんで戻ってくるかな、おまえは！」と言っていたところでしょう。

次に、小金治の「失礼な申し出」をあっさり認めて、道筋まで作ってくれ、さらに、小さん師匠の真意を小金治に諭《さと》す小文治師匠もカッコイイ。

これがせこい師匠だったら、「ふーん、オレからは落語を習いたくないんだ。それなら破門だ。小さんのところでも何でも、好きなところに行っちまいな」と吐き捨てるところでしょう。

小さん師匠、そして、小文治師匠。

こういう「器の大きい人」になりたいものです。

47話

苦手な相手と打ち解けた瞬間

ロールプレイングゲームの「ドラゴンクエスト」シリーズ。

私も昔、夢中になってやったものです。

あのゲーム、モンスターを倒すと、画面に「○○を倒した」などとメッセージが出るのですが、あるとき、『ドラゴンクエストV　天空の花嫁』をやっていたら、それまで見たこともなかったメッセージが表示されました。

「○○（倒したモンスターの名）が、こっちを見ている」

えっ？　何？　と思う私。続いて出てきたメッセージに驚愕しました。

「○○が仲間になりたいと言ってきた」

えええええっ～～～!?

いや～、あのときは驚きました。

だってあなた、モンスターから、まさかの「仲間にしてよ、宣言」ですよ！

すごい「ブレイクスルー（＝飛躍的な前進）」ですよね。


漫画の「あるあるネタ」に「戦った相手と仲間になる」があります。

本気でぶつかり合って、相手を認めると心が通い合うのですね。

でもこれ、漫画の中だけの話ではありません。


英語スクールの代表であり、大学で教鞭をとることもある土肥妙子《どいたえこ》さん。

これは彼女がシカゴのミシガン湖近くのフラット（＝1つの階に1～2家族用の住居が入るタイプのアパート）でアメリカ人と共同生活をしたときの体験談です。

土肥さんのアメリカ留学生活のラスト1カ月半、最後の同居人となったのは、ミリアムという医学生の女性でした。しかし、土肥さんは、ぶっきらぼうな彼女が少し苦手で、あまり話をしないまま毎日を過ごしていたそうです。

そんなある日のこと。

いつものように午前中に図書館で修士論文と格闘し、昼に帰宅した土肥さんは、信じられない光景を目撃します。

居間のダイニングテーブルの上にどっかりと置いたテレビを観ているミリアム。

……とそこまではよいのですが、よくみると、そのテレビは土肥さんの部屋にあったもの。しかも、土肥さん個人の持ち物だったのです。

それまでの留学経験で、アメリカにおいては「言うべきことを言わない」と決定的に自分が不利な立場になることを学んでいた土肥さんは、迷ったすえ、勇気を振り絞ってミリアムにこう告げます。

「これ、私のテレビなんだけど！　あなた、私の留守に部屋に入って持ってきたっていうことよね？　今すぐに元のところに戻してちょうだい！」

そうキッパリと言われたミリアムは、悪びれる様子もなく、言われた通りにスタスタと土肥さんの部屋へテレビを戻しにいったのだそうです。

この、たった数分の出来事が、２人の関係に劇的な変化をもたらします。

亀裂が入ったのではありません。なんと真逆。ミリアムはこの事件をさかいに、急に土肥さんに対して親しく打ち解けて話をしてくるようになったのです。

「一緒に食事をしない?」と、土肥さんを頻繁に食事に誘うようになり、ダイニングで夕食を共にしたり、昼間、近くのカフェへ2人で行くことも増えたのでした。

土肥さんは言っています。

「ミリアムが私のテレビを持ち出したとき、もし自分の怒りを正直に表現せず、礼儀正しく遠回しに、テレビを元の場所に戻してくれるように言っていたら、彼女と親密な関係にはなれなかったのではないか……」

「あの事件は、自分の正直な気持ちを表わすことで、相手との距離が縮まることを実感できた幸運な出来事だった」

ゲームや漫画の中だけでなく、現実でも、相手に本音をさらけ出して接すると、驚くほど親密になれることがあるのですね。

人間関係における、大いなる「ブレイクスルー」です。

48話

涙の胴上げ

「高校野球は教育の一環」

以前の私は、そんな言葉を聞いてもピンときませんでした。

だって、極論で言ってしまえば、高校野球って、高校生のクラブ活動でしかありません。そこに「教育論」まで持ち出すのは少しオーバーなのではないか、と思っていたのです。

でも。最近、高校野球をずっと取材しているフリーのライターの方から、高校野球の名監督たちのエピソードを聞いたりするうち、考えが変わりました。

高校野球は、**「教室での授業では学ぶことができない大切なこと」**を選手たちに教えてくれる「これ以上ないほどの教育の場」だと思うようになったのです。


２０１５年の夏。神奈川県予選。

神奈川を代表する強豪校の１つ、横浜高校が、決勝戦で東海大相模高校に敗れて甲子園行きを逃しました。

この敗戦は、実に51年間にわたって横浜高校を指導し、27回も甲子園出場を果たした名将、渡辺元智《わたなべもとのり》監督の「監督生活」にピリオドを打つものでした。

半世紀以上にわたって、横浜高校野球部を率いた名監督。

「その最後の夏を甲子園出場で！」と頑張ってきた選手たちの夢は、あと一歩で叶わなかったのです。


敗戦に号泣する選手たち。

選手たちは泣きながら渡辺監督を胴上げしました。

感謝の想いを込めて……。

試合後のインタビューで、渡辺監督もまた涙ながらにこんなことを言っていました。

「選手に感謝。そのひと言です。選手は（私に）勝利をプレゼントしてくれようとして、そういう気持ちでやってくれた。感謝しています」


自分たちに感謝し、涙を流してくれる、そんな監督との出会い。

その監督のために、「最後の夏を甲子園出場で！」と思って必死で練習し、戦い、そして、敗れたという経験。

この「出会い」も「経験」も、この横浜高校の選手たちのこれからの人生における「宝」になったはずです。


渡辺監督は、常に選手たちに**「人生の勝利者たれ」**と説いていたそうです。

「試合の勝利者」ではありません。

「人生の勝利者」です。

「甲子園行き」という夢をかけた試合には敗れました。

しかし。選手たちに胴上げをされた監督も、監督を泣きながら胴上げした選手たちも、この瞬間に、たしかに「人生の勝利者」になったのではないでしょうか。

あなたは最近、誰かのために涙を流したことがありますか？
その「経験」は、あなたの宝です。
あなたの心を、よりきれいにしてくれます。
あなたは、あなたのために涙を流してくれる友達がいますか？
その「友達」もまた、あなたの宝です。
あなたの人生を、より豊かにしてくれます。
宝にめぐまれた人生は、お金がなくても手に入るのです。

49話

オアシスのような人

読売新聞に連載されている、植田まさしさんの4コマ漫画『コボちゃん』。

その中にこんな話がありました。

タイトルは「通知表」です。


1コマ目。

学校から通知表をもらってきたらしいコボちゃんは、それをママに見せています。

どうも、あまりよい成績ではないらしく、眉間にシワをよせて「ウーン」とうなっているママ。


2コマ目。

通知表を見て、今度はおじいちゃんが「フーム」となっています。

3コマ目。

会社から帰ってきたらしいパパが、ネクタイを外しながら通知表を見て「つぎ、がんばるんだな」と言っています。

そして、最後の4コマ目。

通知表を見ているおばあちゃん。満面の笑みでこう言っているのです。

「えらい！！　1日も休んでないのね」

それを聞いたコボちゃんは、おばあちゃんの背中に抱きつきながら言います。

「おばあちゃんてボクのオアシス」

失敗して落ち込んでいるとき。

自分のよいところを見つけて、励ましてくれる人がいると少し元気になれます。

たとえば。

仕事で、つい慎重になりすぎたために失敗してしまったとき、上司から「今回はウラ目に出たけど、いつも慎重に案件を進めてくれて、助かっているよ」なんて言ってもらえたら、思わず泣けてきてしまいますよね。

そういうことを言ってくれる人は、自分にとって、とても有り難い存在。

まさに「心のオアシス」です。


逆に言うと、**「他人からオアシスと思ってもらえるような人」**になれたら素晴らしいと思いませんか?


そんな人になるためには、まずは自分の心にゆとりがなければいけません。

ツラいことを経験しているほうが、ツラい人の気持ちが理解できるので、そういう経験は必要です。

でも、それによっていつまでも自分が落ち込んでいたら、とても「他人のオアシス」になんてなれません。

だから、まずは、自分自身の心をおだやかに保つことが大切。

そうして、自分の心が平安になったら、コボちゃんのおばあちゃんのように、落ち込んでいる人に「優しい言葉」というプレゼントをして、元気になるお手伝いをしてあげる……。

1日に1回でかまいません。

今日から、自分を「オアシス化」するために、周りに「優しい言葉」を振りまいてみてください。

「優しい言葉」は、落ち込んでいる人への「花束」になります。

あなたの言葉で、たくさんの人が癒される。

そうすると、まるでウソのように、あなたと周りの人との関係が、どんどんイイ方向に向かい始めますよ。

50話

知らない人に冷たくするな、変装した天使かもしれないから

知らない人に冷たくするな、変装した天使かもしれないから。


印象的な言葉です。

そして、人間を信用した、性善説に立った言葉でもあります。

これは、パリにある「シェイクスピア・アンド・カンパニー」という書店内の壁に書かれている言葉なのだそうです。


この書店。

セーヌ川の左岸にあり、なんと、書店でありながら宿泊ができます。

しかも、無料で！

どうして、書店でありながら、そんな、1文の得にもならない慈善事業のようなことをやっているのでしょう……？

この「シェイクスピア・アンド・カンパニー」という名前の書店。

実はこの書店で2代目なのです。

初代の「シェイクスピア・アンド・カンパニー」は、かつてセーヌ川の左岸、オデオン通りにありました。店主はアメリカ人のシルヴィア・ビーチという女性。

この初代の店舗には、アンドレ・ジイド、ポール・ヴァレリーらフランスの小説家や詩人だけでなく、アメリカの作家、ヘミングウェイやフィッツジェラルドらも出入りしていました。

ただの書店ではなく、さしづめ、「文学サロン」のような位置づけだったのですね。

書店としては、ジェイムズ・ジョイスの代表作、『ユリシーズ』を最初に刊行した店としても名を馳《は》せたそうです。

しかし……。

この「伝説の書店」は、第二次大戦のとき、ナチス・ドイツによってパリが占領されたときに閉店してしまいます。

現在の「シェイクスピア・アンド・カンパニー」は、シルヴィアさんの友人であった別の書店の店主が、「伝説の書店」の蔵書を買い取り、シルヴィアさんの死後に、その店名を引き継いだものなのです。

店主が「伝説の書店」から引き継いだのは蔵書と店名だけではありません。

初代店主シルヴィアさんのポリシーであった、**「貧しい作家、詩人たちに食事とベッドを提供する避難所たれ」**という精神も引き継ぎました。

ですから、書店でありながらも宿泊施設を用意しているというわけなのです。

2011年。この2代目の店主が亡くなったのちは、娘さん（なんと彼女の名もシルヴィア！）が店を引き継ぎましたが、この書店、現在でも、「1日1冊本を読むこと」「お店の簡単な手伝いをすること」などを条件に、作家志望の若者たちに無料で部屋を提供し続けています。

それだけではありません。無料で本を閲覧できる図書室も併設、さらにシルヴィアさんのアイデアでさまざまなブックイベントも開催しているのです。

こうなるともう、書店というよりは「本という文化を守る基地」ですね。


見返りを期待することなく、人に優しく、あらゆることを「ギブ」する。

そうすると、人生がウソのように、うまく回り始めます。

決して難しいことではありません。「伝説の書店」の精神を受け継ぐ、パリにある本屋さんのポリシーにしている言葉に学びましょう。

その言葉を、最後にもう1度。


知らない人に冷たくするな、変装した天使かもしれないから。

おわりに……「今、この瞬間」を大切に

最後まで読んでいただき、ありがとうございました。

あなたの「新しい一日」を、より素晴らしいものに変える「お手伝い」になりましたでしょうか？

よりよい「今日」へのヒントになりましたでしょうか？

何かの小説で、こんな言葉を読んだことがあります。

「昨日だとか明日だとか、そんな、あるのかないのかわからないものは信用しない。信じるのは、今、このときだけだ」

そう。

一番大切なのは、「今日」。

「今、この瞬間を生きる」ということです。

今を大切にすることが、結局、「よりよい明日」にもつながります。

京都には**「日にち薬《ぐすり》」**という言葉があるそうです。

これは、**「どんな哀しみや苦しみも、歳月が癒してくれる」**という意味。

時間こそが、心の傷を治してくれる妙薬だということです。

どんなことも、いずれきっと時間が解決してくれます。

さあ、昨日までのイヤなことは、さらりと忘れて、よりよい「明日」のために、「今日」を大切に行き（＝生き）ましょう！

西沢泰生

主な参考文献

『なぜかうまくいくバカがやっている驚きの成功法則』中野友介著　かんき出版／『1行バカ売れ』川上徹也著　角川新書／『待機晩成　日本一の脇役が語る人生の美学』笹野高史著　ぴあ株式会社／『エッセンシャル思考』グレッグ・マキューン著　かんき出版／『コボちゃん』植田まさし著　読売新聞／『いつだってごきげんよう』小堺一機著　扶桑社／『ものの見方検定』ひすいこたろう著　祥伝社／『きっと、よくなる！』本田健著　サンマーク出版／『ソフィーの世界　哲学者からの不思議な手紙』ヨースタイン・ゴルデル著　ＮＨＫ出版／『上機嫌で生きる　なぜかうまくいく人の幸せになるクセ』有川真由美著　幻冬舎／『銀座流売れっ娘ホステスのほめ方・ほめ言葉』佐藤奈月著　こう書房／『悩みを「力」に変える１００の言葉』植西聰著　ＰＨＰ新書／『できる人はなぜ、本屋で待ち合わせをするのか？』臼井由妃著　翔泳社／『気のきいた一言がパッと出てくる！「おもしろい人」の会話の公式』吉田照幸著　ＳＢクリエイティブ株式会社／『ビジネス寓話50選　物語で読み解く、企業と仕事のこれから』博報堂ブランドデザイン編　アスキー新書／『水木しげる　ゲゲゲの大放談』水木しげる著　徳間書店／『オヒョイのジジ通信』藤村俊二著　集英社／『あてにしない生き方』井形慶子著　ＫＡＤＯＫＡＷＡ／『いつも同じお題なのに、なぜ落語家の話は面白いのか』立川談慶著　大和書房／『田中角栄１００の言葉』別冊宝島編集部編　宝島社／『世界の美しい本屋さん』清水玲奈著　エクスナレッジ／『おもてなし接客英会話テキストブック』横手尚子著　電子書籍／『自己中でいいんだよ！「良い自己中」だから、自分も他人も幸せにできる』佐藤久恵著　電子書籍／『魔法のことば、Thank you　これから留学を考えているあなたへ』土肥妙子著　電子書籍／『文句なしに凄い！　ここまで「気がきく人」』山形琢也著　三笠書房

本書は、本文庫のために書き下ろされたものです。

心《こころ》に元気《げんき》があふれる50の物語《ものがたり》

著者　西沢泰生（にしざわ・やすお）

発行者　押鐘太陽

発行所　株式会社三笠書房

〒102-0072 東京都千代田区飯田橋3-3-1

電話　03-5226-5734（営業部）　03-5226-5731（編集部）

http://www.mikasashobo.co.jp

印刷　誠宏印刷

製本　ナショナル製本

ISBN978-4-8379-6774-3 C0130

王様文庫

王様文庫

神さまと前祝い

キャメレオン竹田

運気が爆上がりするアメイジングな方法とは？　「よい結果になる」と確信して先に祝うだけで願いは次々叶う！　☆前祝いは、六十八秒以上　☆ストレスと無縁になる「前祝い味噌汁」……「特製・キラキラ王冠」シール＆おすすめ「パワースポット」つき！

ちょっと「敏感な人」が気持ちよく生きる本

苑田純子［著］
長沼睦雄［監修］

「何かと気になりやすい」「つい頑張りすぎる」……その繊細さ、上手に使ってみませんか。◎「心配事」が消える〝ちょっといいヒント〟　◎大切にしたい「自分のペース」　◎「繊細さ」が活きる場所はこんなにある……自分の心を少しずつ軽くする本！

いちいち気にしない心が手に入る本

内藤誼人

対人心理学のスペシャリストが教える「何があっても受け流せる」心理学。◎「マイナスの感情」をはびこらせない　◎〝胸を張る〟だけで、こんなに変わる　◎「自分だって捨てたもんじゃない」と思うコツ……etc.「心を変える」方法をマスターできる本！

K30546

王様文庫

気くばりがうまい人のものの言い方

山﨑武也

「ちょっとした言葉の違い」を人は敏感に感じとる。だから……　◎自分のことは「過小評価」、相手のことは「過大評価」　◎「ためになる話」に「ほっとする話」をブレンドする　◎「なるほど」と「さすが」の大きな役割　◎「ノーコメント」でさえ心の中がわかる

ちょっとだけ・こっそり・素早く「言い返す」技術

ゆうきゆう

仕事でプライベートで――無神経な言動を繰り返すあの人、この人に「そのひと言」で、人間関係がみるみるラクになる！　＊たちまち形勢が逆転する「絶妙な切り返し術」　＊キツい攻撃も「巧みにかわす」テクニック……人づきあいにはこの〝賢さ〟が必要です！

話し方で好かれる人　嫌われる人

野口　敏

「同じこと」を話しているのに好かれる人、嫌われる人――その差は、どこにあるのか。「また会いたい」と思われる人、なぜか引き立てられる人になるコツを、すぐに使えるフレーズ満載で紹介。だから、あの人ともっと話したくなる、「いいこと」がドシドシ運ばれてくる！

K30545

王様文庫

“大切なこと”を
思い出させてくれる
ストーリー

夜、眠る前に読むと

心が「ほっ」とする50の物語

西沢泰生
YASUO NISHIZAWA

「幸せになる人」は、
「幸せになる話」を知っている。

- 看護師さんの、優しい気づかい
- 予期せぬトラブルが起こっても……
- お父さんの勇気ある「ノー」
- アガリまくった男を救ったひと言
- 人が「一番カッコいい」瞬間
- 「家族になる」ということ

親切、思いやり、優しさ、友情、
励まし、微笑み、温かなひと言……
「元気の素《もと》」を、チャージしよう！

K10044